ALBERCA FRANCISCO

EL RENACER DE LA ESPERANZA

Edición 2020

AÑO LITURGICO C
MEDITACIONES
DOMINICALES
PARA ALIMENTAR EL
ESPIRITU EN LA LUCHA DE
TODOS LOS DÍAS

AÑO LITURGICO C

EDICION EN ESPAÑOL

Enero 2020

Alberca Francisco,
Laureado en Filosofía y Doctor de Investigación (PhD) en Bioética. Especializado en Ingeniería genética.
E-Mail: albercafrancisco@live.com

Para comprarlo:
www.lulu.com/spotlight/franciscoalbercamerino
Disponible también en: E-Book (Formato PDF)

ISBN: 978-0-244-24449-1

Ninguna parte de esta publicación, incluida la carátula, puede ser reproducida total o parcialmente sin la autorización escrita del autor.

AÑO LITURGICO C

Doctor Alberca Francisco

DATOS PERSONALES:
Nací en Ecuador el 21 Marzo del 1966, actualmente vivo en Italia.

INSTRUCCIÓN:
- He hecho mis estudios secundarios en la especialización de Química y Biología. Con este Bachillerato ingresé en la UNIVERSIDAD DE GUAYAQUIL, Facultad de Ciencias Químicas, Escuela de Bioquímica y Farmacia, donde realicé cuatro años de Doctorado.
- Bachillerato de Filosofía en el Seminario Mayor "Reina del Cisne" de Loja.
- Laurea en Filosofía (Teoría del Conocimiento), en la Pontificia Universidad Gregoriana de Roma.

- Bachillerato de Teología en la Pontificia Universidad Regina Apostolorum de Roma.
- Doctorado de investigación en Bioética (PhD), en el Instituto de Bioética de la Universidad Católica del Sacro Cuore, Facultad de Medicina y Cirugía "Agostino Gemelli" de Roma.
- Titulo de Mediador Intercultural, Roma 2018

LENGUAS EXTRANJERAS:
- Español; Lengua madre.
- Italiano; Conocimiento bueno (estudiada en Roma).
- Inglés; Conocimiento bueno (estudiada en Liceo y en Wimbledon School of English, Londra).
- Portugués; Conocimiento bueno (estudiada en Roma).

ACTIVIDAD PROFESIONAL:
- Laboratorio Farmacéutico "H.G." de Guayaquil, departamento de Control de Calidad.
- Profesor de Filosofía, Teoría del Conocimiento y Bioética en el Seminario Mayor "REINA DEL CISNE" de Loja.
- Profesor de Filosofía del Derecho y de Ética y Derechos Humanos en la Universidad Católica de Loja (UTPL).
- Investigador de Bioética en el Instituto de Bioética de la Universidad Católica "Sacro Cuore" Facultad de Medicina y Cirugía "Agostino Gemelli" de Roma.
- Instituto el Girasol, institución dedicada a curar niños "especiales" donde se dan lecciones de fisioterapia, logopedia y otras, (mi trabajo: orientación ético-moral para los padres; las malformaciones desde el punto de vista de la Bioética).
- Revisión del Estatuto Empresarial de Bios International, programación y ejecución de los cursos de formación

empresarial organizados por Bios International con sede en Roma.
➢ Profesor de Bioética (Ingeniería Genética y Biotecnologías) en la PONTIFICIA UNIVERSITÀ "REGINA APOSTOLORUM" DE ROMA (UNIVERSITÀ EUROPEA DI ROMA).
➢ Actualmente, Vicario de la IGLESIA SAN PABLO DENTRO DE LOS MUROS DE ROMA.

INDICE

INRODUCCION 11

Capítulo I. MEDITACIONES DOMINICALES CORRESPONDIENTES AL ADVIENTO, NAVIDAD Y DESPUÉS DE NAVIDAD 17

Capítulo II. MEDITACIONES DOMINICALES CORRESPONDIENTES A LA EPIFANÍA Y DESPUÉS DE LA EPIFANÍA 49

Capítulo III. MEDITACIONES DOMINICALES CORRESPONDIENTES A LA CUARESMA Y SEMANA SANTA 91

Capítulo IV. MEDITACIONES DOMINICALES CORRESPONDIENTES AL TIEMPO PASCUAL.............. 125

Capítulo V. MEDITACIONES DOMINICALES CORRESPONDIENTES AL TIEMPO DESPUÉS DE PENTECOSTÉS 159

CONCLUSIONES 263

AGRADECIMIENTOS 267

BIBLIOGRAFIA 269

INTERNET RESOURCES 271

DEDICATORIA 273

INTRODUCCION

Este libro "El renacer de la esperanza" es una recopilación de meditaciones dominicales que van dirigidas a todas las personas que están cansadas de un sin número de voces y rumores estériles de este nuestro mundo; saturado de información, de imágenes y palabras sin sentido, que han hecho del ser humano insensible a la voz de la esperanza, a esa voz que nos viene de lo más íntimo de nuestro ser y que es la que nos tiene que guiar por los senderos de la vida.

El renacer de la esperanza, con la esperanza, en la esperanza, no es fingir que no existen los problemas, es reconocer que la forma más apropiada de encontrar las soluciones a las vicisitudes de nuestro diario caminar, nos la ofrece el mismo don de la vida.

Es la confianza de saber que las dificultades, los problemas no son eternos, que las heridas se curarán con el

EL RENACER DE LA ESPERANZA

tiempo y las dificultades se superarán por más difíciles que estas sean.

La Esperanza es tener fe en que el mañana será mejor. La Esperanza es una fuente de fortaleza y renovación que viene de nuestro interior y es justamente esta fuerza la que nos guiará desde la oscuridad hacia la luz, ésta será la luz que ilumine nuestro entendimiento para ponerle a nuestra vida serenidad y la capacidad de entender que el grande objetivo de nuestra vida es ser felices.

De aquí que cada vez que sientas decepción por no recibir lo que deseas o esperas, no lo veas como rechazo o mala suerte, simplemente piensa que es una gran oportunidad para algo mucho mejor de lo que esperabas obtener de la vida.

Nuestra vida está hecha de momentos, momentos vividos de mil maneras. Algunos, buscamos amor, paz, armonía, comprensión, ternura. Otros sobrevivimos día a día, semana a semana, mes a mes y de año a año. Pero no hay momentos más hermosos y plenos que aquellos en los cuales descubrimos con alegría, que la vida, con sus constantes alegrías sus constantes penas, sus luces y tinieblas debe ser vivida a plenitud día a día.

Aunque vivamos en una mansión, rodeados de riquezas o en una choza humilde o que luchemos de mes en mes para pagar el alquiler, tenemos el poder absoluto de estar totalmente satisfechos y vivir una vida con verdadero significado, tendremos ese poder absoluto de gozar cada momento que nos ofrece la vida y regocijándonos de cada sueño.

Teniendo en cuenta que cada día es nuevo en el cual podemos empezar de nuevo y realizar todos nuestros más anhelados sueños, sin dejar de desear días mejores para todos, solo así seremos en grado de disfrutar nuestra vida en toda plenitud.

Muchas de las veces, matando o dejándonos robar la esperanza nos llenamos de sentimientos de fracaso, dolor, traición y calumnias. El fracaso nos lleva a derrumbarnos, nos oscurece la vida y hace que perdamos el horizonte en nuestro camino hacia la meta final. Con frecuencia cuando el dolor nos muerde, olvidamos toda la dicha vivida y nos parece que ya nunca más podremos sonreír.

La traición de los que creíamos más fieles nos lleva a desilusionarnos de la amistad y a caer en la duda. Sentir y vivir todas estas situaciones marcan nuestras vidas, es como pasar una noche de insomnio en la que parece que nunca llegará el amanecer.

Lo sabemos por experiencia que es así, sabemos que este es el duro método que la vida utiliza para enseñarnos y es aquí cuando necesitamos regar con nuestras lágrimas la esperanza que en nuestro jardín ha de ser siempre la última flor que se marchita. Porque no hay noche tan larga capaz de detener un día nuevo. Ni "hay mal que dure cien años, ni cuerpo que lo resista". En estos momentos difíciles de nuestra vida de sufrimiento y de gran prueba, tenemos que pensar que cuando llueve la tierra se fecunda para florecer en primavera.

Cuando en la oscuridad de la medianoche, cuando nos cubre la pena, la angustia y la derrota. Cuando la desilusión invade nuestra existencia. Cuando se nos apaga una llama que hemos cuidado mucho para alumbrarnos en las tinieblas, tenemos que recordar siempre que a pesar de todo hay un mañana y que la luz de la esperanza está en algún rincón esperándonos para indicarnos el camino y la vía justa.

Cuando somos jóvenes parece ser que tenemos el mundo en nuestras manos, parece ser que somos invencibles y que jamás nada nos destruirá. Querido lector y querida lectora, la juventud no es un periodo de la vida; es un estado del espíritu, un efecto de la voluntad, una cualidad de la imaginación, una intimidad emotiva, una victoria del valor sobre la timidez, del gusto por la aventura sobre el amor a la comodidad.

EL RENACER DE LA ESPERANZA

No se vuelve uno viejo por haber vivido un cierto número de años; se envejece cuando renunciamos a un ideal. Los años arrugan la piel; renunciar a una ilusión, arruga el alma. Las preocupaciones, las dudas, los temores y las desesperanzas son los enemigos que lentamente nos hacen inclinar hacia la tierra y convertimos en polvo antes de la muerte.

Joven es aquel que no se cansa jamás de sorprenderse y de maravillarse, que como el niño incansablemente se pregunta. Es joven quien desafía los acontecimientos y se divierte a actuar bien en el gran teatro de la vida. Serás joven a medida de tu esperanza y serás tan viejo a medida de las dudas que invaden tu corazón, serás tan joven como la confianza en ti mismo y tan viejo como el desmayar en el intento, porque recuérdate que no existe guerra vencida que la que no comienzas.

Permaneceremos jóvenes mientras permanezcamos receptivos y atentos a lo bello, bueno y grande de todo lo que nos rodea. Receptivos y atentos a los mensajes de la naturaleza, del ser humano y del Infinito. Si un día tu corazón fuese mordido por el pesimismo, y roído por el cinismo, que Dios quiera tener piedad de tu alma de viejo.

Tener confianza en la esperanza es muy importante porque la esperanza jamás defrauda. Te podrán defraudar tus familiares, tus amigos o cualquier otra persona, pero la esperanza jamás. Hoy sobretodo necesitamos confiar de la esperanza. Hoy sobretodo que el futuro nos parece oscuro, donde a veces nos sentimos perdidos frente al mal y la violencia que nos rodea, frente al dolor de tantos hermanos y hermanas. Hoy que con frecuencia nos sentimos perdidos y también un poco desanimados, porque nos sentimos impotentes y nos parece que esta oscuridad no se acabe nunca.

La vida es a menudo un desierto, en la que caminar es muy difícil, pero si nos encomendamos a Dios puede llegar a ser hermosa y ancha como una autopista. La fe en Dios nos llena el corazón de esperanza, que es la que nos quita el pesimismo y nos hace ver los días futuros llenos de armonía, paz y serenidad.

CAPITULO PRIMERO

MEDITACIONES DOMINICALES CORRESPONDIENTES AL ADVIENTO, NAVIDAD Y DESPUÉS DE NAVIDAD

AÑO LITURGICO C

IGLESIA SAN PABLO DENTRO DE LOS MUROS DE ROMA

AÑO LITURGICO C

Año C: I DOMINGO DE ADVIENTO

Con esta celebración estamos dando la bien venida al año litúrgico C. Hoy comenzamos una nueva etapa, una nueva estación en la vida litúrgica de nuestra Iglesia.

Adviento es una estación de gracias, donde los cristianos nos reunimos en torno a la Palabra y al Altar para orar juntos y prepararnos de la mejor manera para las celebraciones de la Navidad, que no es otra cosa que el recuerdo del nacimiento de nuestro Señor, nuestro Redentor y nuestro Salvador en Belén.

Es muy importante recalcar que Navidad es una fiesta cristiana y no pagana, por tanto tenemos que hacer mucha atención a no dejarnos hipnotizar por la luminosidad de las luces de los negocios y del mundo consumista y egoísta que nos rodea.

EL RENACER DE LA ESPERANZA

Tenemos que tener siempre presente que esta estación consiste en un tiempo de preparación espiritual para la celebración del nacimiento de nuestro Redentor. Tomamos este tiempo para reflexionar, orar y esperar atentamente a nuestro Salvador Jesús; este tiempo es para preparar nuestros corazones, mentes y almas. Es un tiempo de penitencia, arrepentimiento y perdón.

En la oración colecta de este primer domingo de Adviento leemos: danos gracia para despojarnos de las obras de las tinieblas y revestirnos con las armas de la luz, ahora en esta vida mortal, en la cual Jesucristo tu Hijo, con gran humildad, vino a visitarnos. Hermoso verdad? Que lindo sería si todos nos despojáramos de las tinieblas y nos revistiéramos de la luz.

Otro mundo sería, sin lugar a dudas. Nos podemos imaginar un mundo en el que todos somos luces que iluminamos a nuestros hermanos y hermanas que viven en las tinieblas, por que por desgracia y sin lugar a dudas tenemos que reconocer que existe mucha gente que vive cubierto por sus egoísmos y vanaglorias, vivir en las tinieblas es vivir en el odio, las peleas, los resentimientos, el abuso, la incredulidad y la inseguridad.

Tenemos que luchar por un mundo donde hay más amor, comprensión, simpatía, respeto, fe, certeza y esperanza en días mejores. También nosotros podemos ser parte de la luz, comencemos hoy a revestirnos de la luz de Cristo, dejémonos iluminar por su luz y seguramente el mundo cambiará.

El profeta Jeremías nos recuerda que para recibir las bendiciones de Dios es necesario vivir bajo su luz, solo así tenemos la certeza de que Dios está a nuestro lado en la lucha de todos los días, porque El que es infinito amor jamás se olvida de sus hijos e hijas y en especial de los que imploran su misericordia. Si vivimos en su luz, El cumplirá todas sus promesas.

Por otra parte el salmista nos orienta de cómo nos tenemos que dirigir a Dios en nuestra oración. Es importante para nuestra vida espiritual el saber orar, el saber dialogar con nuestro Padre eterno. Porque la oración es justamente esto una conversación entre dos personas que se aman sin límites. Cuando nos demos cuenta que no encontramos palabras adecuadas para orar, les invito a leer y orar con los Salmos.

No hay nada tan lindo en nuestra vidas que el sentirnos escuchados de Dios, aprovechemos de estas cuatro semanas de Adviento para dialogar con Dios y recordemos siempre que Dios es siempre fiel, El nos ama y quiere estar en comunicación con nosotros.

San Pablo, en la segunda lectura nos recuerda de tener siempre presenta la regla de oro, esto es: "El amarnos unos a otros".

Por tanto amémonos de corazón, no únicamente con palabras sino que con gestos concretos. En otras palabras, hay que demostrar amor, no sólo decir que amamos. El amor es una palabra de acción, es una decisión, es un mandamiento. El amor del cual nos habla San Pablo es un amor puro y desinteresado.

Pidámosle a Dios que nos dé más amor para darlo a las demás personas, al estilo del amor que Jesús tuvo para todo el mundo.

Este tiempo es el propicio para hacer actos de amor que incluyen la generosidad, la compasión, ofrecer ayuda y consuelo y compartir con los demás, los dones que gratis hemos recibido.

Si vivimos iluminados por la luz de Dios y orando como verdaderos cristianos, seguramente no tendremos ningún tipo de miedo y de preocupación al leer la lectura que hoy nos propone el Santo Evangelio de San Lucas.

Esta lectura nos ofrece una visión espantosa, la cual nos hace estremecer, dice: "Habrá señales en el sol, en la luna y en las estrellas y en la tierra las naciones estarán confusas y se asustarán por el terrible ruido del mar y de las olas.

La gente se desmayará de miedo al pensar en lo que va a sucederle al mundo; pues hasta las fuerzas celestiales serán sacudidas". Tremendo verdad? y lo más grave es que ya estamos viviendo todo esto, les invito a abrir bien vuestros ojos y nos daremos cuenta de esta triste realidad.

No es necesario ser expertos en sociología, en economía o politólogo o climatología para ver la triste realidad por la que está pasando nuestro mundo. Pobreza, miseria, emigración incontrolada y mal administrada, ateísmo, indiferencia para las cosas de Dios, más aún, en este tiempo de cambios climáticos en los que los desastres naturales están al orden del día.

Todo esto nos da a entender que todas las profecías se están cumpliendo. Delante de todo esto, tal vez sentimos mucho temor y se nos apodera un sentimiento de no saber qué hacer y de no saber dónde estamos caminando, por tanto el futuro nos es muy incierto.

En medio a toda esta oscuridad y de duda, las palabras de Jesús son como una verdadera bendición, el nos dice: "anímense y levanten la cabeza, porque muy pronto serán libertados".

Si estamos desanimados y llenos de terror es porque nos hemos dejado llevar por la duda y el desamor a las promesas de nuestro Dios. Jesús, nuestro Salvador y nuestro Redentor que esperamos durante el Adviento nos dice que levantemos la cabeza porque nos promete que seremos libertados; liberados de todo tipo de esclavitud.

Tal vez algunas personas en este día estén pasando por problemas espantosos, por problemas que parecerán sin ninguna posibilidad de solución. Hoy Jesús nos dice que El está aquí, que El está a nuestro lado y nos dice con amor que: "El cielo y la tierra dejarán de existir, pero mis palabras no dejarán de cumplirse".

AÑO LITURGICO C

Creámosle y repitamos a menudo estas palabras porque verdaderamente se cumplirán. Durante esta época de Adviento, mientras esperamos al niño Dios, alimentémonos de su palabra, oremos para que se cumpla su voluntad y recordemos siempre cuánto Jesús nos ama. ¡Ánimo! ¡Levanta la cabeza! Amén!

Año C: II DOMINGO DE ADVIENTO

"Preparen el camino del Señor, allanad sus senderos. Y todos verán la salvación de Dios".

En este segundo domingo de Adviento, un anuncio resuena con claridad, en boca de Juan Bautista: "prepárense a recibir al Señor, que viene a traer la salvación".

El precursor del Mesías, se sirve de la bella imagen del camino llano y recto, con la que el profeta Baruc destaca el protagonismo de Dios en el retorno de su pueblo desde el destierro a la patria, para invitar a todos los hombres y mujeres de buena voluntad a preparar el camino al que viene de parte de Dios a cumplir la esperanza de la salvación definitiva del mundo, entendida como comunión de vida y de amor con Dios.

El profeta no escatima imágenes para expresar sobreabundantemente el exceso de amor con que Dios bendecirá a su pueblo, protegiendo con sombra el camino y perfumándolo con la fragancia de árboles aromáticos. El Bautista nos exhorta, a quienes nos preparamos para la celebración de la Navidad, a no desaprovechar la ocasión de gracia que nos brinda el Señor, la invitación es a aprovechar este tiempo de gracias.

Para nuestra fe y nuestro entendimiento es importante meditar en las dos venidas de Cristo: una en humildad, por su nacimiento, y otra en gloria, el día de su manifestación, al fin de los tiempos.

El domingo pasado (comienzo del año litúrgico) seguían resonando los ecos de la parusía, los ecos de la Apocalipsis (o venida en gloria del Señor) de los domingos finales del año litúrgico precedente. Y es que la obra de la salvación no es una acción puntual de Dios solo, el cual aniquila todo el mal del mundo y restablece en su máximo esplendor todas las cosas.

La redención del mundo es una tarea de mutua colaboración entre Dios y de cada uno de nosotros: de Dios que puso en marcha el proyecto de la creación, llamando todo a la existencia; pero que ha querido contar con el ser humano, dándole libertad para poder elegir entre el bien y el mal.

Jesús vino al mundo en carne mortal naciendo en Belén de la Virgen María para iniciar la redención del ser humano. Después de llevar a cabo la obra encomendada por el Padre, subió al cielo desde donde envió al Espíritu Santo, para que asistiera a su Iglesia en la misión de difundir el Evangelio y de actuar en el mundo como levadura que transforma la masa.

Preparando así, con su actividad, la recreación del ser humano y del mundo, disponiéndolos para el establecimiento definitivo del Reino de Dios, en el que Dios lo será todo en todas las cosas, tras haber sido desactivados todos los poderes contrarios a Dios, de forma que sólo prevalezcan los valores acordes con Dios.

EL RENACER DE LA ESPERANZA

Querido hermanos y hermanas, nos encontramos en la segunda semana del año litúrgico, dentro el Adviento, tiempo de preparación para la Navidad, a fin de acoger al Niño Dios con un corazón bien dispuesto. Pues, en la Navidad, celebramos la venida del Señor en humildad, en todo semejante a nosotros menos en el pecado.

En Jesús, Dios viene a nuestro encuentro: Dios Hijo en persona se hace hombre, el cual es el sello que Dios pone al universo, guía y guardián del cosmos y de todos aquellos que escuchan su palabra y la ponen en práctica, sellando así, con la humanidad un compromiso indestructible, en su empeño por llevar la creación a la salvación, que es para lo que Dios la creó.

La salvación consiste en la plena comunión de la creación con Dios. Pero esta comunión no se produce a la fuerza, sino mediando la libre aceptación y actuación del ser humano; en realidad, cada uno de nosotros más que trabajar por asemejarnos a Dios, tenemos que dejarnos transformar por Él sin oponer resistencia.

Todos y cada uno de nosotros hemos sido dotados de la capacidad de responder a Dios y podemos poner de nuestra parte todo lo necesario para dejarnos iluminar y conducir de Dios.

Pero, cómo quitar los obstáculos que impiden a Dios obrar en nosotros? El más importante es escuchar la voz de Dios por medio de su palabra, meditarla y ponerla en práctica. Otra manera de dejar que Dios obre en nosotros es, el evitar las ocasiones de pecado; reservar un tiempo para encontrarnos a solas con Él en oración; fomentar acciones acordes con la voluntad de Dio. Por su parte, Dios nos dará el gusto de su palabra y de su trato, el deseo de agradarle, el gozo de su amistad.

En esta relación recíproca de nosotros con Dios, corresponde a Dios la iniciativa, al haber comenzado en nosotros la obra de la salvación por medio del Bautismo, incorporándonos a Cristo y haciéndonos partícipes de su vida de Hijo de Dios.

Lo que más debe distinguirnos como hijos de un Padre, que es todo Amor, es el respeto y el amor de los unos hacia los otros. Porque, como dice San Pablo: *si Dios nos amó de esta manera, también nosotros debemos amarnos unos a otros.*

Una de las obras que hace Dios en nosotros y nosotras es darnos la habilidad de ser agentes en el cumplimiento de nuestra propia liberación. Quizás en esta época de Adviento nuestra responsabilidad mayor ha de ser ayudar a preparar un mundo mejor para la humanidad, empezando en nuestro entorno local y en nuestra comunidad.

Que todo lo que salga de nosotros esté ungido por el amor. Sólo así nuestro corazón será un pesebre que ofrezca confortable cobijo al Hijo de Dios que está por nacer. Amén!

Año C: III DOMINGO DE ADVIENTO

La liturgia de la palabra en este tercer domingo de Adviento, sigue centrada en la figura austera y vibrante de Juan el Bautista. Una vez más llegamos a las orillas del Jordán y nos dejamos atraer por su brisa, mientras se nos mojan los pies, con el profundo deseo de aprender las enseñanzas del Precursor de Cristo, para prepararnos nosotros también a su venida y salir a su encuentro con el corazón encendido y limpio.

En el pasaje de hoy la gente va hasta el Bautista con ansias de saber qué es lo que hay que hacer para cuando llegue el Mesías, tan cercano ya que de un momento a otro podrá aparecer.

La primera lección que hemos de aprender y de practicar, es la de tener una sana inquietud, un sincero deseo de encontrar nuestro propio camino, la de consultar a quien puede orientarnos, sobre lo que Dios quiere de nosotros en cada etapa de nuestra vida.

A veces será una decisión de entregar todo nuestro ser al servicio exclusivo del Señor. En otras ocasiones será sencillamente la solución de un problema de conciencia de poca importancia quizá. Pero en todo caso hay que persuadirse de que nunca seremos buenos jueces en nuestra propia causa, ni médicos eficaces de nuestros propios males.

Es verdad que Dios nos ha dado una luz que brilla en el fondo de nuestro ser, una luz que nos va alumbrando, en ocasiones con un remordimiento, para que hagamos en cada circunstancia lo que es mejor. Sin embargo, la propia conciencia no es siempre la más apropiada para resolver de forma correcta una determinada situación.

Puede ocurrir que tengamos la conciencia deformada, o que haya en ella ciertas limitaciones que la coaccionen. Hay que tener presente que la conciencia es norma de conducta cuando es recta y libre, o cuando no le es posible salir del error, o no puede librarse de esa coacción que la determina.

Por todo esto seamos sinceros y no nos dejemos llevar de una subjetividad exacerbada. Busquemos sin miedo la verdad que nos hará libres, sigamos el camino recto y alcanzaremos la paz y el gozo para nuestra vida y para la de los demás.

Aprovechemos algunos días de este tiempo de penitencia y de conversión para hacer unas jornadas de retiro espiritual, saquemos el propósito de llevar una dirección espiritual seria y constante. Es esta una práctica que no puede estar sujeta a la moda del momento, un medio clásico y eficiente. Sólo si nos preocupamos de verdad por conocer cuál ha de ser nuestra actuación en cada encrucijada, llegaremos a encontrarnos con el Señor que está para llegar.

Estar siempre alegres en el Señor. Esta frase que san Pablo dice a sus queridos fieles discípulos de Filipos se repite hoy en la liturgia, por lo que a este tercer domingo de Adviento se le ha llamado tradicionalmente, el domingo de la alegría. La razón principal que les da el apóstol a los filipenses es que "el Señor está cerca", refiriéndose a la segunda venida del Señor Jesús. Nosotros referimos esta frase, en primer lugar, a la primera venida, al nacimiento de Jesús en Belén, a la Navidad.

La alegría cristiana del adviento no es una alegría de bulla y carcajadas, sino una alegría espiritual, principalmente interior, pero que se debe reflejar diariamente en nuestro comportamiento exterior. Nos lo dice claramente el apóstol: "que vuestra mesura la conozca todo el mundo".

Debemos ser personas tranquilas, equilibradas, pacíficas. Las palabras del apóstol son maravillosamente claras: "Y. así, la paz de Dios, que sobrepasa todo juicio, custodiará vuestros corazones y vuestros pensamientos en Cristo Jesús".

La gente preguntaba a Juan: ¿entonces, qué hacemos? Y, para poder vivir con alegría este tercer domingo de Adviento, no está mal que meditemos con profundidad las palabras de Juan el Bautista, el Precursor del Mesías.

Mucha gente, atraída por su fama de santidad, acudía hasta allí para preguntarle qué debían hacer para salvarse. Él les respondía que fueran generosos y que compartieran lo que tenían con los que no tenían lo necesario para vivir, que no fueran corruptos y que se conformaran con lo que ganaban legalmente y, sobre todo, que esperaran al que había de venir, al Mesías, para ser bautizados no sólo con agua, sino con Espíritu Santo y fuego.

Todo lo que decía Juan a los judíos que acudían a él, podría decírnoslo también hoy a nosotros, los cristianos de este siglo dominado de mucho egoísmo, hedonismo e indiferencia religiosa.

Ser compasivos y misericordiosos con los necesitados, no ser corruptos y tramposos en nuestras cuentas y en nuestra vida, vivir, en definitiva, según el espíritu de Jesús. Si, pues, queremos vivir el Adviento y la Navidad en comunión con Cristo y con una verdadera alegría cristiana, debemos eliminar de nuestras vidas, ya desde ahora mismo, todo aquello que nos impide vivir alegres, como buenos discípulos de Cristo.

Es necesaria la conversión. El primer domingo de Adviento se nos pedía una esperanza activa, estar despiertos. En el segundo, despejar el camino de todo lo que nos estorba para que el Señor pueda pasar. Hoy se nos pide conversión. El Señor viene, pero nosotros tenemos que ir hacia Él.

Esto exige un cambio de mente y de corazón. Es decir, requiere volvernos a Dios. El bautismo de Juan es una preparación para la llegada de aquél que viene detrás "y yo no merezco ni llevarle las sandalias". El bautismo de agua es sólo de penitencia. Hay que empezar por ahí, es decir cambiando de rumbo y de actitud. Pero la auténtica transformación viene del Bautismo con el Espíritu Santo que proclama y ofrece Jesús. Como el fuego purifica y transforma, así también seremos trasformados por el Espíritu si vivimos el Evangelio.

A los publicanos, es decir, a los cobradores de impuestos, Juan les dice que cobren según tarifa justa y que no recurran a los apremios y sobrecargas para enriquecerse a costa de los pobres. A los soldados, a la fuerza pública, el bautista exige que se contenten con la soldada, que no denuncien falsamente y no utilicen la fuerza en provecho propio.

El negocio de los armamentos, la violencia establecida, los turbios intereses de los "golpistas", la intolerancia de los fanáticos están pidiendo a gritos una conversión pública. También nosotros tenemos que convertirnos ¿Qué te pide a ti el Señor en tu situación concreta?

Hemos superado ya la mitad del Adviento. El próximo domingo, el Cuarto de este tiempo feliz de espera, es ya el último. Después nos encaramos, sin más rodeos, con el prodigioso milagro de Belén, donde un Dios poderosísimo se

EL RENACER DE LA ESPERANZA

hace Niño para salvarnos y darnos una alegría que siempre vivirá en nuestro corazón. Hermanos y hermanas aprovechemos el tiempo que nos queda hasta la llegada del Señor Jesús, enmendemos nuestros caminos y nuestros comportamientos. Juan el Bautista nos dice cómo.

La historia con la llegada de Jesús de Nazaret se va a abrir a un tiempo de paz, de amor, de solidaridad, de alegría, de gozo. Colaboremos con Él en que el mundo y sus habitantes sean mejores y vivan mejor. Es lo que nos va a pedir Jesús cuando llegue. Amén!

Año C: IV DOMINGO DE ADVIENTO

Santa María del Adviento. Nadie como ella sabe lo que significa esperar la llegada del Salvador. El Adviento llega a su culminación en la realidad maternal de la Virgen María. Por encima del profeta Isaías, Juan Bautista y José, es María el personaje fundamental del Adviento.

Ella es quien esperó como nadie supo esperar la venida del Mesías, pues lo llevó en su seno. Ella señala, en la historia de la salvación, el paso de la profecía mesiánica a la realidad evangélica, de la esperanza a la presencia real del Verbo encarnado.

Por todo esto, el cuarto Domingo de Adviento es sumamente mariano. Solo de la mano maternal de la Virgen María podemos llegar al conocimiento exacto del misterio de

Cristo, pues a través de Ella, determinó Dios ofrecernos la realidad exacta del Emmanuel, el "Dios con nosotros".

María está llena de gozo, tiene que comunicarlo y lo hace a aquella que, por la revelación del ángel, sabe que puede entenderla. Los demás que la rodean no creerían y sería indiscreto publicar lo que Dios por medio del ángel le ha dicho. ¡El Redentor ya está con nosotros! Sólo ella lo sabe. El esperado por miles de años acaba de llegar. ¡Hay que comunicarlo! María se pone en camino. Con diligencia va al encuentro de quien sabe que necesita su ayuda.

¿Quién soy yo para que me visite la madre de mi Señor? Cuando hablamos de personas humildes no nos referimos necesariamente a las personas económicamente pobres, o socialmente insignificantes. Hay personas económicamente pobres, o socialmente insignificantes, que no son humildes y a su vez, hay personas económicamente ricas, o socialmente muy importantes, que sí son verdaderamente humildes.

La humildad, en cristiano, es andar en la verdad, y la verdad cristiana nos dice que todos los seres humanos somos siervos e hijos de Dios y hermanos de todas las personas. Es, por tanto, humilde el que pone su vida al servicio de Dios, aceptando de buen grado su voluntad, y el que entiende su vida como una vida puesta al servicio de sus hermanos, los hombres. La persona cristianamente humilde es la persona cristianamente piadosa con Dios y servicial y generosa con todas las personas, a las que considera hermanos suyos.

Como vemos en las lecturas de este cuarto domingo de Adviento, ni Belén de Éfrata fue grande por el simple hecho de ser pequeña, sino porque de ella salió el Mesías; ni Isabel y María fueron grandes por ser económica o socialmente pobres, sino por poner su vida enteramente al servicio del Señor; ni Cristo fue grande por ofrecer a Yahvé grandes sacrificios y holocaustos, sino por ofrecer el sacrificio de su voluntad del Padre.

En este sentido queremos ser nosotros, los cristianos, humildes, entendiendo nuestra vida como un propósito firme de hacer siempre la voluntad de Dios, poniendo nuestra vida enteramente al servicio de los hermanos. Si vivimos así, nuestro Dios se fijará en nosotros benévolamente y nosotros estaremos abriendo ya de par en par las puertas de nuestra alma, para que el Dios Niño pueda seguir naciendo en cada uno de nosotros el día de Navidad.

Dichosa tú, que has creído, porque lo que te ha dicho el Señor se cumplirá. Es bonito contemplar a dos mujeres embarazadas, alegrándose mutuamente, la una por la otra, al darse cuenta de que Dios las ha escogido a ellas para ser madres de dos niños que dedicarán su vida a servir a Dios y al prójimo. Teológicamente, podemos creer que hasta las dos criaturas dieron saltos de alegría en el vientre materno al verse por primera vez tan queridos por Dios y tan cercanos entre los hombres.

María se alegra en el servicio que hace a su prima embarazada, e Isabel se alegra al sentir visceralmente que la fe de María se ha hecho carne en su vientre. Las dos fueron dichosas en aquel momento porque creyeron en los anuncios del ángel y de los profetas. La fe en Dios, nuestra fe en la palabra de Dios, debe ser fuente de alegría para todos nosotros. Porque la fe es confianza en que la palabra de Dios se cumplirá, en que nuestro Dios no nos va a dejar nunca abandonados. Una fe triste no es una fe cristiana, porque no sería una fe confiada y comprometida con la palabra de Dios.

Cuando Cristo entró en el mundo dijo: "Tú no quieres sacrificios ni ofrendas. Entonces yo dije lo que está escrito en el libro: aquí estoy, oh Dios, para hacer tu voluntad". Como se nos dice y se nos repite varias veces en la carta a los Hebreos, Cristo ofreció de una vez para siempre un sacrificio al Padre, el sacrificio de su propia vida. Ese era el sacrificio que Dios, su Padre, le pedía y con ese sacrificio único del Hijo, el Padre nos libró a todos nosotros de nuestros pecados.

El mayor sacrificio que podemos hacer nosotros en nuestra propia vida cristiana es cumplir la voluntad de Dios, nuestro Padre. Si asociamos nuestro sacrificio con el sacrificio de Cristo, nuestro sacrificio tendrá un valor redentor. Eso es lo que hacemos de una manera sacramental y única en el sacrificio de la Santa Eucaristía y eso es lo que debemos hacer siempre cuando ofrecemos a Dios algún sacrificio determinado: unir nuestro sacrificio al sacrificio de Cristo.

Paz, paz en la tierra. Esta noche las armas están dormidas; esta noche ha despertado el Amor. Sí, más aún: ha nacido Dios, el que es Amor. Su nombre, Jesús, el Emanuel, el Dios con nosotros. Una música, compuesta en mil idiomas distintos, canta, alegra y ensalza la aventura de este Dios-Amor, hecho un niño pequeño.

Esta noche yo deseo ser un pastor más de Belén. Llevar mis manos cargadas de lo mejor que tengo, así como lo hicieron los reyes de oriente. Quiero llenar de canciones el corazón, quiero colmar de versos la vida entera. Llegar hasta Belén, alegre y jubiloso, para hacerte reír, mi Niño pequeño, para acallar tu llanto, para que tú nos mires y tu mirada llene de luz nuestra oscura tierra que tanto necesita de tu luz.

Días maravillosos y entrañables se acercan, días de amor y de hogar, días para renovar nuestros deseos de querer más y mejor a todos, especialmente a los que forman parte de nuestra propia familia de sangre y de espíritu, días de gozo limpio y sereno, de acción de gracias a este Dios y Señor nuestro que, siendo tan alto, tan bajo ha descendido para estar con nosotros.

Que la llegada del Niño nos anime en nuestra lucha por corresponder con amor, cuajado en obras, a tan grande y profundo amor como Dios nos ha demostrado al dejar la mansión de la Luz y bajar al oscuro valle de las lágrimas, para iluminarlo y hacer nacer con él la más alegre y firme esperanza.

En este tiempo de gracia, no nos olvidemos de la triste realidad de los "descartados" por la sociedad, de los abandonados, de los más débiles, de los enfermos de los ancianos. Esta Navidad abramos los ojos como María para mirar a nuestro alrededor, pero no de cualquier forma, si no con perspectiva y conciencia, miremos nuestra propia realidad y la de los demás para dejarnos transformar por ella y actuar en consecuencia. Muchas personas no tienen medios para vivir dignamente, recordemos siempre que Cristo vino a este mundo sobre todo por ellos.

Para terminar, inesperada y sorprendente es la Navidad porque, siempre, nos trae alguna que otra sorpresa. La Navidad es la visita de un Dios que, por hacerse carne de nuestra carne, elige el camino de la misericordia, para hacerse el encontradizo con el hombre, con el mundo y todas sus miserias elige venir a ser uno más con nosotros, viene a sufrir, a llorar y a reír con nosotros.

Su venida transforma todo en misterio, música de Dios, sensaciones divinas y sobre todo, transforma nuestra existencia en una fantástica experiencia, esto es: el reconocer y afirmar con absoluta certeza de que ¡Dios está entre nosotros! Amén!

Año C: DÍA DE NAVIDAD

En el capítulo 52 del Libro de Isaías, encontramos un párrafo de indudable belleza plástica que define la función del mensajero, del portador de noticias. Dice el profeta: "Qué hermosos son sobre los montes los pies del mensajero que anuncia la paz, que trae la Buena Nueva, que pregona la victoria, que dice a Sión: ¡Tu Dios es rey!" De hecho está coincidiendo en la definición de Hijo de Dios que a menudo el autor de la Carta a los Hebreos como San Juan en la introducción a su Evangelio hacen. Isaías con su sentido plástico se fija en los pies de quien trae la Buena Nueva.

También nosotros tenemos la obligación de convertirnos en portavoces de la Buena Nueva y de la Alegría del Nacimiento de Jesús. Es lo que debemos de hacer al salir de la Iglesia. Es nuestra obligación gozosa, pero también hemos de mostrar nuestra alegría, sabernos inmersos en la Navidad y gozar de la alegría que trae siempre el nacimiento de un niño, entendiendo que el Niño que nos ha nacido es Dios y que viene a cambiar el mundo y los corazones de todos los hombres y mujeres.

Cada Navidad tiene que ser un inicio, hemos vivido los cuatro domingos de Adviento, tratando de convertirnos por tanto de vivir lo más cercanos a las cosas de Dios, pero de ahora en adelante caminemos en la luz de la Navidad, tal vez con el paso vacilante del niño, pero en la buena dirección. La alegría, la paz, el gozo familiar son unos magníficos ingredientes para iniciar el camino tras el Dios del Amor.

El texto que en este día de fiesta nos ofrece la liturgia de la palabra, es muy apropiado para ser meditado en estos días en los que nuestra espera ya ha terminado. Y el continuo grito de "¡Ven Señor Jesús!" se ha cumplido.

Pero es fundamental que se nos defina de manera total a quien esperábamos y dicha definición expresada de manera exacta está en los citados primeros versos del Evangelio de Juan. Por otro lado, el comienzo de la Carta a los Hebreos va a marcar, asimismo, el punto de traslación entre el Antiguo y Nuevo Testamento y enlaza con lo afirmado por Juan al decir el autor de la Carta a los hebreos que sostiene el universo con palabra poderosa.

Hoy es el día en el que, cielo y tierra, se unen. Es el instante en el cual, la gloria de Dios, regala a nuestro mundo aquello que tanto necesita: amor. ¿Sabremos ser sensibles a este acontecimiento? ¿Nos dejaremos embargar por la emoción de estas horas? ¿Iremos deprisa, como los pastores, dejando a un lado nuestros cómodos valles para brindar homenaje al Rey de Reyes? ¿O tal vez nos quedaremos en la orilla de la Navidad presos de otras luces y mensajes?

Hoy es un día para felicitarnos. ¡Dios ha cumplido lo prometido! Ha nacido del seno virginal de María, aquella que quedando para siempre virgen, se convierte en Madre de Dios y Madre nuestra. ¡Qué gran Misterio! ¡Qué gran Sacramento!

Que al contemplar al Dios Niño nuestras conciencias se vean interpeladas, el que es Todopoderoso, entra al mundo por la puerta de la humildad. El que lo tiene todo, aparece ante nosotros desnudo. El que, en el cielo habitaba entre ángeles y triunfo, nace en el mundo en medio de la soledad, la indiferencia y la frialdad de los corazones llenos de arrogancia y cosas materiales.

Hoy el evangelista Juan nos introduce el cuarto evangelio y establece con claridad meridiana que todo lo que existe y tiene su ser se origina en y por la Palabra. Esa Palabra decidió establecer su morada entre nosotros y bendecirnos con su presencia de una forma más concreta.

Pero ésta no es una presencia totalmente ajena en la experiencia del pueblo hebreo. Durante muchos siglos Dios se había manifestado en el llamado a Abrahán, en la liberación de Egipto bajo el liderazgo de Moisés y en el envío constante de profetas para que guiaran a los israelitas en su proceso de maduración en la fe y comprensión del propósito salvífico de Dios.

El verdadero desafío de este pasaje del evangelio de Juan, tanto para nosotros como para los contemporáneos del evangelista, es cómo esa Palabra toma forma en la persona de Jesús. Y esto, queridos hermanos y hermanas, nos presenta un problema muy serio, un problema que no podemos resolver si nos quedamos aferrados a una visión limitada y cómoda de lo que es la presencia de Dios entre nosotros.

Por fe sabemos que Dios es Palabra efectiva que se cumple en su promesa y se manifiesta en la creación y en sus acciones. Ya desde los tiempos de Moisés entendemos que ese Dios se define como el que Es: un Dios de acción, celoso por su pueblo y apasionado por la justicia.

En esta Navidad dejémonos guiar por el amor de Jesús. En el evangelio de Juan el mismo Jesús se autodefine como: "Camino, verdad y vida", un lenguaje que nos deja espacio para la elaboración teológica y creativa. Desde nuestra experiencia cristiana se nos hace relativamente fácil aceptar a Jesús como esa "Palabra hecha carne que habitó entre nosotros".

Pero Jesús no nos deja tanto libre albedrío cuando nos desafía a descubrirle en el hambriento, el sediento, el enfermo, el desnudo y el encarcelado. Ahí nos exige la acción que libera y no solamente el discurso que busca liberar. Esa distinción la descubrimos bastante matizada a todo lo largo del ministerio de Jesús, ministerio del que se hace partícipe la Iglesia y por ende cada uno de nosotros los cuales formamos la Iglesia de Cristo. Amén!

EL RENACER DE LA ESPERANZA

Año C: I DOMINGO DESPUÉS DE NAVIDAD

Dios se preocupa por nosotros y nos libera. En un bello sueño poético, Isaías presenta el final del exilio. El pueblo de Israel ha experimentado en propia carne la llaga mortal del exilio. Se hace necesaria una mano amiga que ayude algo, que levante el ánimo del creyente que flaquea. La caravana ha partido de Mesopotámica, y el poeta hace ver el momento tan ansiado de la llegada del mensajero, que ya está atravesando las colinas del norte de la ciudad.

Una nueva era de paz y libertad comienza, el mensajero trae la buena noticia de la liberación de Israel. A este anuncio se unen los gritos de los vigías que custodian las ruinas de la ciudad. La intervención de Dios no puede dejar a nadie indiferente. Su victoria debe alcanzar a todos los confines de la tierra.

Es un mensaje de alegría para un pueblo abatido y sin horizontes: ¡Dios vuelve! Mensaje para el que se siente desanimado: ¡dios sigue entre los que creen! El que cree en el mensaje piensa que la restauración de una sociedad en ruinas y en crisis económica es posible.

Es el mensaje para el creyente de hoy en esta Navidad. Este himno de acción de gracias resonará en otras páginas del Antiguo Testamento,

¿Aceptamos la Palabra y su acción en nosotros? El "logos" del evangelio de Juan es un concepto tomado de la filosofía griega. En el prólogo del evangelio la Palabra viene a identificarse no sólo con Jesús, sino con la acción de Jesús. Esta personificación viene a mostrar la capacidad que tiene de dar vida y orientación a todo hombre que se acerca a él.

"Y la Palabra se hizo carne". La Palabra de Dios no es un sueño fantástico del evangelista en un momento de ensueño nostálgico. No. Es una realidad sensible y tangible, cuyo nombre es Jesús de Nazaret. La realidad de la presencia de Dios ha comenzado a incidir históricamente en los hombres con el comienzo de la vida de Jesús: este suceso constituye el momento decisivo de la historia de la salvación; lo testimonian los cristianos.

La revelación definitiva de Dios tiene rostro humano. Es una realidad cercana a cada uno de nosotros. Ha puesto su tienda entre nosotros. Desde el momento de la venida del Hijo al mundo en la debilidad de la "carne", realiza la presencia de Dios entre nosotros.

La comunidad cristiana lee solemnemente el prólogo del evangelio de Juan en la fiesta del nacimiento del Señor. Se trata de proclamar la misericordia y fidelidad de Dios, su gracia, que se han hecho realidad en Jesús. Que Dios no actúa mediante favores pasajeros y limitados, sino con el don permanente y total del Hijo hecho hombre que se llama Jesús, el Cristo.

El rostro de Dios, un antropomorfismo como tantos otros, mediante los cuales los profetas tratan de hacernos comprender realidades divinas con palabras humanas. No pueden hacerlo de otra manera, pero así, al pronunciar sus oráculos nos permiten acercarnos a la realidad divina, y a intuir al menos algo de su grandeza y majestad.

En nuestro enmarque navideño no pueden faltar los ángeles. Ellos están presentes en nuestros recuerdos infantiles y, por tanto, vivos en estos días en los que todos nos sentimos como niños.

Ya la Anunciación la hizo un arcángel, Gabriel y antes fue Zacarías quien recibió la noticia de tener un hijo a través del mismo mensajero. Y luego San José, en sueños, fue informado por un ángel del misterio que ocultaba la dulce mirada de su esposa.

Los pastores se llenaron de asombro ante la voz de los ángeles en las cercanías de Belén. Hoy aquel lugar se llama Campo de pastores y una pequeña iglesia conmemora el hecho, junto a una gruta, utilizada en tiempos de Cristo para protegerse del frío del invierno.

Ellos creyeron el anuncio de los ángeles y fueron presurosos y alegres al portal de Belén, llenando los caminos de coplas sencillas, mientras allá arriba los ángeles cantaban "Gloria a Dios en las alturas y paz en la tierra...". Los ángeles siguen cantando y nos anuncian el nacimiento del Hijo de Dios. Ponte a la escucha y corre a Belén para adorarlo.

¡Qué hermosos son sobre los montes los pies del mensajero que anuncia la paz, que trae la buena nueva! La Iglesia de Cristo debe ser una Iglesia evangelizadora, predicadora del evangelio de Jesús. Debe predicar a Cristo, con su palabra y con su ejemplo, debe predicar la presencia de un Dios invisible en el Cristo visible.

Cristo se encarna preferentemente en el prójimo más necesitado, por eso la Iglesia de Cristo debe ver a Dios preferentemente en el prójimo más necesitado. Porque, como venimos diciendo, amar al Dios invisible es amar al prójimo visible.

San Juan no se cansaba de repetirlo, si dices que amas a Dios y no amas al prójimo eres un mentiroso. Este es el mandamiento que nos dio Cristo, nuestro Dios visible. En este día de Navidad, los cristianos deberemos hacer el propósito de hacer visible en nuestro mundo el amor de un Dios que se ha manifestado en Cristo. Esto es lo que hizo Cristo en su vida mortal, desde el momento mismo en que nació en Belén. Por eso, nosotros, ante el portal de Belén, contemplemos, con emoción de niños, el Amor encarnado en el rostro tierno y pobre de un niño, del Niño Dios. Amén!

CAPITULO SEGUNDO

MEDITACIONES DOMINICALES CORRESPONDIENTES A LA
Epifanía y Después de la Epifanía

AÑO LITURGICO C

IGLESIA SAN PABLO DENTRO DE LOS MUROS DE ROMA

AÑO LITURGICO C

Año C: EPIFANIA DEL SEÑOR

Queridos hermanos y hermanas en Cristo, hoy estamos aquí en presencia del Señor para celebrar la Epifanía que no es otra cosa que la Manifestación de Dios a todos los pueblos de la tierra.
Por el relato del antiguo Testamento, nos podemos dar cuenta que el pueblo de Israel se encontraba en el momento de estar escribiendo las historias de sus héroes bíblicos y los sacerdotes invitaban a toda la gente a conocer la historia de su pueblo.
Se ha escrito la historia de Moisés en la que se hace referencia de una "estrella" que anuncia al faraón el nacimiento de un liberador del pueblo de Israel. El faraón entonces procede a realizar la muerte de todos los niños menores de dos años tratando de evitar ese nacimiento. Moisés escapa a esta persecución convirtiéndose en el liberador del pueblo.

Mateo al escribir su evangelio usa esta imagen y nos presenta también a una "estrella" que anuncia el nacimiento del nuevo salvador del Pueblo. Este anuncio es dado a todos los pueblos de la tierra representados en los magos que son guiados por la estrella hasta el lugar en donde se encuentra Jesús que acaba de nacer.

La estrella es entonces la imagen que anuncia y muestra el camino para llegar donde el Salvador y Redentor ha nacido. El ya no es salvador de un solo pueblo sino de todos los pueblos de la tierra. Les pido por un momento ponernos en el puesto del pueblo Israelita, en el Antiguo Testamento, esclavos del Faraón, en los tiempos de Jesús, esclavo del imperio Romano. Pueblos ranciosos de ver llegar el liberador, el Redentor promeso desde siempre por medio de los profetas.

Cuantas veces nosotros también pasamos la misma experiencia, cuantas veces pare ser que no saldremos jamás de las tinieblas en las que vivimos, cuando estamos inmersos en problemas y dificultades que parecen no tener fin. Pero al improviso, ese día así oscuro se llena de luz, una estrella se ilumina al horizonte, una luz en el fondo del túnel se deja ver.

Esa es la luz de la fe que anuncia nuestra liberación, este es el día en el que la estrella brilla y nos da su luz. La estrella es entonces el símbolo de la luz que nos permite no perder el camino. La primera lectura del profeta Isaías hace mención de esto cuando dice: "Levántate y brilla que ha llegado tu luz…mientras las tinieblas cubrían la tierra y los pueblos estaban en la noche, sobre ti se levantó Yahvé" (Isaías 60: 1-2).

El Evangelio de Mateo al contarnos que una estrella ha guiado a los Reyes Magos de Oriente, nos está haciendo ver que los pueblos de la tierra ya no caminan entre tinieblas, que al recibir la fe en Jesucristo estamos en la luz que disuelve nuestra tiniebla. "¿Dónde está el Rey de los judíos?" preguntan los magos de Oriente, "porque hemos visto su estrella y venimos a adorarlo". Actualmente el descubrir la sabiduría del mensaje de Jesús se convierte como en una luz interna que nos ayuda a salir de nuestros problemas y nos guía por caminos nuevos.

Esta es nuestra estrella interior que nos sirve de guía y nos hace crecer. "Los magos se regocijaron al ver a la estrella detenerse en el lugar donde se encontraba el niño". El encuentro con el que es la luz de nuestras vidas va a estar siempre enmarcado por la alegría. El misterio de la presencia del Salvador entre nosotros, en ese pequeño niño, en uno como nosotros, es el encuentro humano que nos da esperanza y nos llena de alegría.

Cuando San Mateo nos habla de que el encuentro con el salvador se da en ese pequeño niño es para hablarnos de algo que nos cuesta mucho trabajo aceptar. La presencia de Dios se refleja en lo humano, en lo diario, en lo pequeño, en lo normal y natural; esto es lo que significa que los magos se encuentran con el Salvador en uno como nosotros, en lo ordinario.

Muchos de nosotros pensamos que Dios se tiene que manifestar en lo extraordinario y mágico y no es así. La presencia de lo divino se encuentra en lo ordinario de nuestra naturaleza humana y esto es motivo de mucha alegría.

La liturgia de la Palabra de esta fiesta de la Epifanía nos dice, que estos personajes trajeron regalos con los que rindieron homenaje al Salvador manifestado en ese niño. Los regalos era oro, incienso y mirra, esto solo para significar que traen los mejores regalos; en estos regalos ellos quieren dar lo mejor que tienen, en ellos viene expresada toda su riqueza, cultura y tradición.

Esta tradición es lo que se ha convertido en nuestros día en el dar regalos a los niños. Pero les invito a poner atención. Para nosotros en lugar de recibir se trata de dar. El encuentro con lo divino envuelto en nuestra humanidad va a demandar de nosotros nuestros mejores regalos. El constante encuentro con el Salvador a lo largo de nuestra vida y de nuestra historia estará en constante relación con el ofrecimiento de lo mejor de nosotros mismos, nuestras mejores cualidades, nuestros mejores dones.

Pues es al ofrecer lo que somos cuando estamos reconociendo el don inacabado de lo divino en nuestra humanidad que sigue invitándonos a desarrollar todo lo que somos. Es dando cuando recibimos, es ofreciéndonos cuando encontramos el camino y el sentido de lo que somos en la vida.

Para terminar, les invito a reflexionar, si nuestra oscuridad viene porque hemos dejado de dar y nos hemos convertido en egoístas esperando solo en recibir. Todo el misterio del encuentro con Dios en nuestra humanidad es una invitación a ser las mejores personas que podemos ser, a dar siempre más y recordar que Dios siempre nos da una segunda oportunidad, por tanto siempre tenemos la posibilidad de empezar, empezar a ser mejores y vivir como verdaderos hijos del Dios amor. Amén!

AÑO LITURGICO C

Año C: I DOMINGO DESPUÉS DE LA EPIFANIA
(BAUTISMO DEL SEÑOR)

Hemos llegado al final del Tiempo de Navidad, que sin duda ha pasado muy deprisa y ahora, aquí estamos ante esta importante fiesta del Bautismo del Señor, puerta de su vida pública, inicio de su predicación.

La celebración de hoy tiene unos textos de una gran belleza e importancia para nuestra vida espiritual, porque tenemos que ser consientes que hemos sido bautizados en fuego y en Espíritu, como lo declara Juan el Bautista al anunciar el bautismo de Jesús. Jesús de Nazaret, fue ungido por Dios con el Espíritu Santo, que pasó haciendo el bien y curando a los oprimidos por el pecado, porque Dios estaba con él, nos dice la Sacra Escritura.

Estamos, sin duda, ante una de las frases más hermosas de la Escritura, frase que refleja el talante, la actividad del

Señor Jesús. Frase que nos llena de alegría y paz, nos llena de alivio físico y consuelo espiritual.

Jesús acude al Jordán y humildemente se acerca a Juan y recibe el Santo Bautismo, en este momento se da, esa maravillosa simbiosis entre el Antiguo y Nuevo Testamento. Al salir del agua; el Espíritu en forma de paloma y la voz del Padre van a mostrar en forma evidente la presencia de la Santísima Trinidad.

La presencia de la Trinidad en cada uno de nosotros es lo que nos da esa paz infinita, sosiego y sabiduría para enfrentar los acontecimientos de nuestro diario vivir. Además, es la fuerza de la Santísima Trinidad la que nos llena de coraje para seguir luchando contra toda injusticia, todo desamor y traición.

El mundo, nuestra sociedad, nuestras familias nos esperan para que nosotros demos ese toque especial que viene del poder que hemos recibido en nuestro Santo Bautismo con fuego y espíritu. Sobretodo hoy en esta sociedad violenta y llena de mezquindades.

Mirad a mi siervo, nos dice la Sagrada Escritura: a quien sostengo, mi elegido, a quien prefiero. Para nosotros los cristianos, el siervo de Yahvé es Jesús de Nazaret, el que fue bautizado en el Jordán por Juan el Bautista. Él vino a implantar el derecho en la tierra, pero no quiso hacerlo con las armas, ni con una doctrina intolerante y opresora. El siervo de Yahvé, vino a abrir los ojos a los ciegos, vino a liberarnos de nuestras esclavitudes de todo lo que nos tiene prisioneros; quiso ser alianza de los pueblos y luz de las naciones.

A este siervo de Yahvé, a este Jesús de Nazaret, es al que debemos convertirnos, del que debemos revestirnos, cuando intentamos vivir como personas bautizadas en su Espíritu. Hoy en día el nuevo siervo de Yahvé, el actual discípulo de Jesús, bautizado en su Espíritu, debe ser una persona mansa y humilde, luchadora contra las opresiones de este mundo y anunciadora de un reino de justicia, de amor y de paz.

A este Jesús de Nazaret es al que tenemos que seguir, ungido por Dios con la fuerza del Espíritu Santo, que pasó haciendo el bien y curando a los oprimidos por el mal. Este es el mejor propósito que podemos hacer para este nuevo año que estamos iniciando, todos los que deseamos vivir como personas bautizadas, tenemos que necesariamente pasar por la vida haciendo el bien.

Haciendo el bien sin distinción de personas, sean estas de la nación que sean y de la raza o lengua que sean. Se trata de curar a todos los que se ven obligados a vivir oprimidos por el mal de este mundo, oprimidos por las enfermedades, o de la tiranía, o del materialismo consumista de moda hoy en nuestra sociedad. Vivir como personas bautizadas en el Espíritu de Jesús es vivir haciendo el bien, como lo hizo durante toda su vida, aquí en la tierra, Jesús de Nazaret.

Nosotros, los cristianos, que hemos sido bautizados en el nombre de Jesús, debemos vivir como personas llenas de Dios que, en medio de nuestras debilidades, actuamos movidos siempre por el amor.

Los bautizados en el Espíritu de Jesús seguimos siendo unas personas inclinadas al pecado, muchas de las veces dominadas por el poder de nuestra débil naturaleza; pero con el deseo sincero y auténtico de vencer el mal de este mundo.

Vivir como personas bautizadas en el Espíritu de Jesús es vivir movidas y dirigidas por el Espíritu Santo, personas llenas por la pasión evangelizadora de Jesús, personas empeñadas en construir en este nuestro planeta tierra el reino de Dios.

Vivir como personas bautizadas es vivir predicando el amor de Dios al prójimo, vivir en la fraternidad universal, en la justicia misericordiosa, sembrando paz y esperanza en este mundo lleno de egoísmos y ambiciones, de guerras y discordias.

Vivir como personas bautizadas en el Espíritu de Jesús es vivir como discípulos del que quiso nacer y vivir pobre, del que vivió luchando contra unos poderes políticos y religiosos que querían hacer de la religión un mercado y un negocio al servicio de los más ricos y poderosos. Vivir como personas bautizadas en el Espíritu de Jesús es seguir al Cristo que prefirió morir en la cruz, antes que callarse y claudicar ante jefes y autoridades ambiciosas y corruptas.

Por último, vivir como personas bautizadas, es intentar vivir como vivió nuestro Maestro, Jesús de Nazaret, esto es haciendo siempre la santa voluntad del Padre Eterno. Amén!

Año C: II DOMINGO DESPUÉS DE EPIFANIA

El amor que Dios nos manifiesta. En este fragmento del tercer Isaías se expresan las relaciones entre Jerusalén y Dios como de esposo a esposa. En Jerusalén brillará la aurora, lugar privilegiado de la manifestación de Dios, por oposición a tinieblas, medio del olvido de Dios. La imposición del nombre a la esposa es característico de la nueva orientación que se da a una persona o a una cosa.

El Señor mismo es el que pronuncia el nombre, el que da un nuevo impulso a Israel. Por eso mismo, por la obra del Señor, los pueblos vendrán a Israel. Es el milagro del Señor. Las relaciones que se instauran entre Dios e Israel adquieren los tonos más fuertes del corazón humano, lo más profundo de la persona, esto es el amor. Nunca palabras tan consoladoras han sido dichas al creyente. Son palabras dirigidas también a nosotros.

El ser humano es levantado hasta el plan de Dios, no hay lugar para la desesperanza porque el amor es sincero y hace vivir.

Por su parte San Pablo habla en la Primera Carta a los Corintios de los carismas. El carisma es una gracia singular que Dios concede a cada uno, pero que está destinada al bien de todos y a la edificación de la iglesia.

La gran variedad de los carismas no está reñida en modo alguno con la unidad de la Iglesia y la comunión fraterna; antes al contrario, conscientes de que ningún hijo de Dios está desposeído de una gracia especial, todos debemos estar atentos para estimar los carismas ajenos y no retener los nuestros para disfrute individual.

Se distingue en este texto entre los dones, los servicios y las funciones. Según el carisma así será el "ministerio" o servicio que se desempeña en la Iglesia. Todos tenemos algún don y estamos llamados a servir de alguna manera. Hoy se habla más que nunca de los "ministerios laicales". Pero hay que dejar que estos ministerios puedan ser ejercidos.

En el Santo Evangelio de hoy, hemos escuchado cómo Jesús en una ocasión estuvo presente en unas bodas compartiendo el gozo y la alegría de los novios. El, que era un invitado, al final los convidó a todos y les dio un vino mucho mejor. El agua simboliza la religión vacía; el vino, la alegría y la vida abundante que proceden de Dios. Las bodas son el símbolo de la unión (alianza) de Dios con el pueblo. Las tinajas de piedra (seis es el número de lo imperfecto e incompleto) representan a la Ley, que pretende purificar al ser humano, pero que en realidad es algo vacío.

María es la "mujer", el resto fiel de Israel, "desposado" con Dios. El mandato que ella expresa "haced lo que él os diga" es prácticamente idéntica a la que pronunció el pueblo el día de la alianza (pacto, desposorio) del Sinaí: "Nosotros haremos todo lo que el Señor ha dicho".

Este texto nos presenta, cómo de la colaboración entre Jesús y María surgió un hecho admirable, el primero de los signos obrados por el Señor. La conversión del agua en vino fue motivo de alegría para los novios, que veían cómo su fiesta corría el riesgo de fraude por causa de un descuido y para los invitados, que así podían continuar alegres la fiesta. Y al mismo tiempo, hizo que creciera la fe en Jesús de los discípulos que habían presenciado el hecho.

También los esposos están llamados, ejerciendo cada uno su papel propio, a "convertir el agua en vino". De las cosas más habituales y cotidianas, esas que valoramos tan poco esto es "el agua", deben hacer "vino", algo de valor, sabroso y que alegra a quien lo bebe. Siempre que actúan con amor son motivo de que aumente la fe, de la misma manera que creció la fe en los discípulos que acompañaban a Jesús y a su madre en las bodas de Caná.

Contad las maravillas de Dios a todas las naciones. En estos tiempos de gran indiferencia religiosa es bueno que los creyentes nos atrevamos a decir que nosotros sí creemos y que alabamos a Dios por la gran misericordia con que nos ha tratado en muchas ocasiones. Alabemos a Dios por su gran misericordia para con nosotros y no tengamos miedo en decirlo a los que no creen en Dios.

Como María, también nosotros, debiéramos de estar atentos en esas situaciones que necesitan un poco de paz y de sosiego. María, con los ojos bien abiertos, fue consciente de que algo raro ocurría en aquel convite. Que, de repente, todo podría irse al traste si el vino, elemento importante en una comida, hubiera faltado. Esa puede ser también nuestra misión, ser sensibles a las necesidades de las personas o situaciones que nos rodean. Aquello de "ojos que no ven, corazón que no siente" no es una buena filosofía para aquellos que creemos y esperamos en Jesús.

Que hable de Ti y de tus hazañas aún en medio de incomprensiones y vacíos. Que lleve la esperanza y el optimismo a un mundo que llora perdido. Que cargue las tinajas de los corazones de las personas con tu Palabra que todo lo colma y satisface. Que convierta el vinagre de muchas historias en el dulce vino de tu fraternidad y de tu Evangelio

Que, con María, también abra los ojos y descubra los sufrimientos y la escasez el fracaso y tantos frustrados que ahogan el espíritu festivo de la humanidad el anhelo de fraternidad de este mundo.

Que yo sepa darte gloria, por mis obras y que sepa bendecirte, por tanto signo que realizas y que sepa agradecerte, por tantos dones que regalas y que sepa alabarte, por salir al encuentro de cada uno de nosotros. Amén!

AÑO LITURGICO C

Año C: III DOMINGO DESPUÉS DE LA EPIFANÍA

Tus palabras, Señor, son espíritu y vida. La palabra de Dios sólo es eficaz para nosotros cuando se hace vida en nosotros, cuando en la palabra de Dios vemos y sentimos el Espíritu de Dios que quiere encarnarse en nosotros, como se encarnó en Jesús de Nazaret
   Ya hemos llegado al tercer domingo después de epifanía. La liturgia de la palabra en estos domingos nos presenta a Jesús de Nazaret ya como un hombre maduro entregado de lleno a la tarea del reino de Dios. El domingo pasado fue en Caná de Galilea hoy en la sinagoga de Nazaret.
   Los relatos de la vida de Jesús nos han llegado a nuestros días como el mejor testimonio y el gran legado de nuestros antepasados. La Iglesia, durante siglos hasta el día de hoy, lo ha guardado como el gran depósito de la fe por el cual y no lo olvidemos, han dado la vida hombres y mujeres,

apóstoles y hermanos nuestros con la certeza y convencimiento de que Jesús era y es la fuerza en el caminar y la recompensa en la eternidad.

Toda su vida, su palabra, su trabajo, toda la persona de Jesús estará centrada en el anuncio de la nueva alianza. Dios quiere por su medio comunicar y realizar su plan en beneficio de toda la humanidad.

Nuestro camino de vida cristiana tiende muchas veces a enfriarnos y necesitamos siempre renovarnos a partir de Jesucristo, palabra del Padre siempre nueva y siempre salvadora.

Esdras, abrió el libro de la ley ante la asamblea y todo el pueblo, levantando las manos, respondió: amén, amén. Acababan de salir del destierro y ahora por primera vez podían libremente volver a ser hombres y mujeres libres.

Un judío entonces no era judío sólo y principalmente por haber nacido en Judea, sino por practicar la ley religiosa judía. La religión judía era algo constituyente del pueblo judío. Hoy, entre nosotros todo es distinto. Pero no lloremos por eso, intentemos ganar en calidad, lo que hemos perdido en cantidad. Cada uno de nosotros hagamos, libremente, de la religión nuestra forma de vida y que nuestra forma de vida y nuestra práctica religiosa sean para los que nos rodean un ejemplo de vida digno de ser vivido y admirado.

El impacto que produjo la lectura de la ley ilumina también el momento en que Jesús se dirigió a su pueblo y definió su proyecto. Así lo escribe san Lucas citando al profeta Isaías: "El Espíritu del Señor esta sobre mí porque él me ha ungido. Me ha enviado para dar la buena noticia a los pobres, para anunciar a los cautivos la libertad y a los ciegos la vista. Para dar libertad a los oprimidos, para anunciar el año de gracia del Señor"

Hoy también necesitamos estar atentos al libro de la ley para tomar conciencia de nuestra responsabilidad de cristianos.

Se trata de una auténtica celebración, de una renovación sincera de nuestra pertenencia al único Señor de la vida.
El mismo Jesús fue rechazado, amenazado, malinterpretado. Y todos, inclusive El mismo, quedaron en las mismas sombras de tristeza y de muerte. Pero esta linda historia de amor entre Dios y nosotros no se queda allí. Jesús será nuestra esperanza, Jesús será nuestra luz que jamás se apagará y el amor incondicional de Dios a la humanidad llegará a cada uno de nosotros hasta el final de los tiempos. La condición elemental para cada uno de nosotros es aceptar la nueva justicia y misericordia que Dios ha manifestado, nos manifiesta y continuará a manifestarnos para vivirlas entre nosotros, siendo justos y misericordiosos como él lo fue.

Recordemos siempre de las palabras de San Pablo, cuando nos habla del cuerpo: "Lo mismo que el cuerpo es uno y tiene muchos miembros, y todos los miembros del cuerpo, a pesar de que son muchos, son un solo cuerpo, así es también Cristo". Es la doctrina paulina sobre el cuerpo místico de Cristo, según la cual Cristo es la cabeza de toda la Iglesia cristiana y de cada uno de sus miembros.

Como esta doctrina ya la hemos comentado en varias ocasiones, me limito ahora a sugerir la pregunta que cada uno de nosotros debemos hacernos: ¿soy yo un miembro vivo, que vive en comunión viva con Cristo y con su Iglesia? ¿Tengo yo el Espíritu de Cristo? Ojalá que cada uno de nosotros podamos responder con un si convencido.

Para terminar, queridos hermanos y hermanas, hoy estamos celebrando el amor inagotable del Dios de la alianza. Este es un momento muy importante porque Jesús, el Hijo de Dios, la Palabra hecha carne, se presenta ante "el pueblo que habitaba en tinieblas y sombras de muerte" para anunciarles algo definitivo, para decirles que el reino de Dios está cerca".

Podemos pensar en la emoción e ilusión de Jesús al estar entre los suyos, y venir a ellos a darles la mejor noticia de parte de Dios: "Hoy se cumple esta escritura que acaban de oír".

Con su persona y sus obras comienzan a cumplirse todas las esperanzas y promesas de liberación y restauración; que es puro regalo y ya no tenemos que preocuparnos de anteriores infidelidades, que la amnistía, palabra que conocemos muy bien, es total.

Que los primeros en notar el amor de Dios serán los que parecían con menos derechos para que se vea bien su generosidad. Esto realmente es una buena noticia, el amor y la misericordia de Dios está por encima de toda injusticia y desamor. Dios por amor manda a su Hijo, para conducirnos a su reino, reino de verdad, justicia, de paz y de amor. Amén!

Año C: IV DOMINGO DESPUÉS DE LA EPIFANIA

La Iglesia muy sabiamente en estos domingos antes de iniciar la cuaresma nos regala textos bíblicos que se complementan perfectamente entre ellos.

Hoy la liturgia de la palabra inicia haciéndonos meditar en la muy linda experiencia del Profeta Jeremías. Experiencia que se repite a lo largo de la hermosa historia de salvación, así fue ayer, hoy y lo será mañana.

El profeta es un instrumento de Dios, que habla en nombre de Dios. En el caso particular de Jeremías sintió temor por la edad y la responsabilidad de la misión. Pero el Señor le dijo: "No digas que eres muy joven. No tengas miedo de nadie, porque yo estaré contigo para protegerte".

En aquella época de decadencia del poder asirio, Jeremías tendrá que luchar continuamente contra sus paisanos que abrigaban falsas esperanzas. Aunque se siente débil ha de anunciar a su pueblo, al que tanto ama, lo que no le agrada. Por eso se siente solitario y con mucho miedo.

En la promesa que Dios hace a Jeremías le garantiza el triunfo final. Pero su camino será arduo, difícil, lleno de espinas, ha de sufrir y será perseguido.

Esta será también la suerte de todo mensajero de la palabra divina. Ante la difícil tarea, surgen las dudas, las indecisiones, las opciones fáciles, corremos el peligro de refugiarnos en el miedo, de ser infieles a la palabra, pero Dios, con la fuerza del amor nos empuja a continuar y no rendirnos.

Justamente de la fuerza del amor que transforma al mundo y las estructuras injustas nos habla hoy Pablo en todo el capítulo trece de su primera carta a los corintios. Nos describe de una manera maravillosa el mejor camino que es el amor, y nos impulsa a caminar por él.

Así fue con los profetas antiguos, así fue con Jesús, así está siendo en nuestros días. Todo por no querer aceptar al profeta que surge a nuestro lado, de nuestro propio pueblo, a ese hermano o hermana que nos habla en nombre de Dios.

En la segunda lectura, nuestro Patrón San Pablo nos dice: "Quedan la fe, la esperanza, el amor; la más grande es el amor. Este magnífico himno al amor es, sin duda, uno de los textos paulinos más leídos y comentados por los predicadores cristianos.

San Pablo nos dice que sólo el verdadero amor es eterno, porque el amor es Dios mismo; el amor humano sólo puede ser verdadero amor cristiano cuando es participación del amor de Dios.

Sin experiencia del amor de Dios no puede haber verdadero amor cristiano: un amor que disculpa sin límites, cree sin límites, espera sin límites, aguanta sin límites. Porque sólo el amor de Dios es eterno y nuestro amor humano sólo puede ser eterno cuando se alimenta del amor de Dios y "en Dios vivimos, nos movemos y somos". Esto realmente es muy difícil, pero este es nuestro ideal y hacia él caminamos. Jesús es el amor encarnado de Dios y donde no hay amor de Dios no puede estar Jesús.

Jesús, como hemos escuchado en el Santo Evangelio, acaba de entrar en la sinagoga de su pueblo, les lee el texto del profeta Isaías en el que dice el profeta: "el Espíritu del Señor está sobre mí, porque me ha ungido para anunciar a los pobres la Buena Nueva". Jesús se atribuye a sí mismo este texto y dice: "hoy se cumple esta Escritura que acaban de oír".

Los paisanos de Jesús, en un primer momento, se quedan admirados de lo bien que habla su paisano, porque para ellos Jesús sólo era "el hijo de José". Jesús lee el pensamiento de sus paisanos y comprende que lo que ellos quieren es que él haga allí los milagros que, según habían oído, había hecho en Cafarnaún. Jesús les responde que, en Cafarnaún, fue la fe y el amor de las personas curadas lo que hizo posible el milagro de la curación de esas personas, ya que sin verdadera fe y verdadero amor no es posible el milagro. Ellos no habían mostrado fe en él, ni amor a él, ya que ellos sólo lo veían como "el hijo de José".

Ante esta respuesta de Jesús, todos los de la sinagoga se sintieron despreciados, se pusieron furiosos y querían despeñarlo por el barranco del monte. "Pero Jesús se abrió paso entre ellos y se alejó".

¡Qué triste y qué terriblemente humano es este comportamiento de los paisanos de Jesús! No supieron ver a Jesús como, al Cristo, al Ungido, como a aquel en el que se había posado y encarnado en Espíritu de Dios; sólo supieron verle como a un famoso hijo de su pueblo.

Preguntémonos ¿No nos sucede con frecuencia lo mismo? Admiramos mucho al personaje Jesús, pero no creemos, ni amamos al Cristo, al Ungido de Dios, y ante esta actitud nuestra el verdadero Jesús se aleja de nosotros. Lo que Jesús quiere es que no sólo le admiremos, sino que creamos en él, le amemos y le sigamos como al Ungido de Dios que ha venido a traer la Buena Noticia a todos los hombres y mujeres de buena voluntad.

Vino a los suyos y los suyos no le recibieron. Esta frase del evangelista está dramatizada y escenificada en esta sinagoga de Nazaret. No son los vecinos de Nazaret, como no serán los judíos de Jerusalén los que rechacen a Jesús. Es la historia de toda una humanidad que, admirando a Jesús, lo rechazan cuando tropiezan con sus exigencias, y cómo los mismos paisanos de Jesús lo tratan de loco. Vino a los suyos y los suyos no lo recibieron.

El santo Evangelio de hoy termina diciendo "se abrió paso entre ellos y se alejó". Como en aquel tiempo se alejó Jesús de los suyos, de la misma manera se aleja de nosotros.
Jesús se aleja de nosotros cuando nos ve, tan absortos, tan ocupados con las cosas de este mundo, en la diversiones, en los vicios y no permitimos que su voz nos llegue a nuestros oídos.
Se aleja Jesús de nosotros cuando llega a la puerta de nuestro castillo y nos encuentra encerrados en nuestro egoísmo.

Se aleja Jesús cuando nuestro trato con Dios se asemeja al de un mísero comerciante, cuanto me das tanto te doy.
Si somos de los suyos, tenemos que aceptarlo como es: hijo del carpintero, humano como nosotros. Hijo de Dios. Bondadoso y comprensivo, pero exigente al máximo. Perseguido por decir la verdad, por luchar contra la mediocridad.

Digámosle hoy nosotros, Hazte paso, Señor y llévanos con tigo, porque sin ti nada somos, porque solo tú tienes palabras de vida eterna. Amén!

Año C: V DOMINGO DESPUÉS DE LA EPIFANÍA

"Aquí estoy, mándame". El profeta Isaías se siente abrumado ante el enorme contraste entre su pequeñez e insignificancia y la dignidad y grandeza de la misión que se le confía, esto es, de anunciar con sus propios labios la palabra de Dios. Muchas de las veces resulta carga excesiva el que la palabra humana sea vehículo de la palabra de Dios.

Este mismo es el riesgo y la osadía de todo el pueblo de Dios, a quien se le ha confiado la misión profética; que, siendo pecadores, tenemos que ser mensajeros del evangelio. El profeta se serena y cobra ánimos cuando sabe que es Dios mismo es quien le purifica y capacita para la misión. Jesús tranquilizará a sus discípulos con la promesa de su presencia, porque él será quien les diga lo que tienen que decir.

Sólo es posible cargar con la responsabilidad de la misión profética, cuando el ser humano está totalmente a disposición del Señor. Con la misma disposición que María se someterá a los designios de Dios, ahora el profeta acepta voluntariamente la misión que se le encomienda: "Aquí estoy, mándame".

El profeta Isaías debe ser un buen ejemplo para nosotros. Reconoció humildemente su impureza y su incapacidad personal, pero ofreció a Dios su disponibilidad para cumplir con la vocación de profeta que el Señor le pedía. El profeta Isaías se convirtió en el cantor sublime y humilde de la grandeza del futuro Mesías. El libro del profeta Isaías es, sin duda, uno de los libros más leídos a lo largo de los siglos.

También Pablo reconoció que sin la gracia de Dios no podía hacer el trabajo y lograr la cosecha que realizó durante su ministerio tan fructífero.

Así que hoy, les invito a que crezcan en sus relaciones personales con Jesucristo nuestro Señor. Que lo dejen entrar diariamente en sus vidas y en sus hogares. Que le sigan en su ejemplo de amor a Dios y al prójimo. Que sea su compañero en su peregrinaje diario y si son fervientes y constantes en todo esto, podrán ver y comprobar que muchas personas serán capaces de seguir a Cristo, todo gracias a vuestro ejemplo y testimonio de vida.

Pablo no quiere terminar su primera carta a los corintios sin recordarles el Evangelio que les predicó y que ellos aceptaron, el Evangelio que es lo único que puede salvarles si es que no lo han olvidado. El Evangelio no es propiamente una doctrina, sino el anuncio de un hecho de salvación. Su contenido es, ante todo, el mensaje apostólico de la resurrección del Señor. El transmite lo que ha recibido. Pero la proclamación del Evangelio no es sólo la difusión de una noticia, sino también la difusión del Espíritu. Por eso es una tradición viva y vivificante.

Aunque Pablo no pertenece ya a la generación de los Doce, se considera apóstol. Pues ha tenido también su "experiencia" del Señor resucitado. Por eso Pablo no puede predicar el Evangelio sólo desde su experiencia, sino ateniéndose también al testimonio de los mayores, de las columnas de la iglesia, transmitiendo lo que ha recibido con fidelidad y que él mismo ha hecho vida. Nosotros también debemos transmitir nuestra fe desde nuestra experiencia de Jesucristo resucitado.

Que también nosotros siguiendo el ejemplo de Isaías y de San Pablo, podamos decir con San Pedro: Maestro, nos hemos pasado la noche bregando y no hemos pescado nada; pero, por tu palabra, echaré las redes. Dios nos da a todos y cada uno de nosotros una vocación común, esto es, la vocación a la santidad. Esta vocación común a todas las personas debe realizarla después cada uno mediante el cumplimiento concreto de las vocaciones temporales que también nos da el Señor.

Nosotros podemos aceptar la vocación y las vocaciones que nos da el Señor, pero también podemos rechazarlas. Aceptar o no aceptar esta vocación a la santidad que Dios nos da, supone colaborar o no colaborar con Dios en la edificación de nuestro yo interior, para que se parezca lo más posible al Yo de Cristo.

Colaborar con Dios supone siempre reconocer nuestra imperfección radical y aceptar que sea Dios mismo el verdadero autor de nuestra santidad. Colaborar con Dios en la construcción de nuestra propia santidad supone, pues, siempre un acto de humildad y un ejercicio de oración. La humildad es siempre el primer paso hacia la santidad; sin humildad no avanzaremos nunca hacia la santidad.

Pero, a la humildad debe seguir siempre la oración transformadora para que sea Él el autor de una santidad que por nosotros mismos no podríamos conseguir nunca. En la vida interior hay que luchar y trabajar, hay que sembrar y regar, pero sabiendo siempre que es Dios el que da el verdadero incremento. En las lecturas de este domingo tenemos tres modelos de personas que aceptaron la vocación a la santidad que Dios les dio, reconociendo inicialmente su incapacidad para conseguirlo. Estas tres personas son: Isaías, Pedro y Pablo, fueron llamados por Dios a conseguir la santidad mediante la predicación de la palabra de Dios. Los tres respondieron positivamente a la llamada de Dios, a la vocación; cada una desde sus concretas y particulares circunstancias personales.

Nuestros fervientes deseos y nuestros más profundas oraciones hoy serán para que la presencia del Señor Jesucristo siga creciendo y siendo más evidente en nuestras vidas; que nuestras obras no contradigan nuestras palabras; y que mediante nuestro testimonio muchos más lleguen a conocer a Jesucristo y nos ayuden en la grandísima pesca que todavía nos espera. Remar cuando vemos que no avanzamos en el mar de la vida; desplegar las redes cuando, día tras día, no conseguimos la proporción entre esfuerzo y fruto hace que nos preguntemos constantemente si merece la pena seguir en las huellas.

Deberíamos aprovechar este momento y los siguientes días para reflexionar sobre el fundamento de nuestra fe, preguntarnos sobre las razones de nuestro seguimiento al Señor Jesús y saber si hemos sido capaces de escuchar su voz.

Recordemos siempre que tenemos instrumentos para ser capaces de recibir su mensaje. Uno de esos es reconocer nuestro bautismo como la bendición más sublime que hemos recibido, porque como el mismo Señor no dice: por medio del bautismo nos ha hecho; profetas, reyes y sacerdotes.

Desde aquel día muy lejano en que, siendo niños nos bautizaron, en nuestras almas permanece la semilla de tales tres grandes dones. Reconozcamos y aceptemos nuestra alta misión espiritual que el bautismo del Señor Jesús nos ha comunicado y luchemos con ahínco todos nuestras días por ser realmente hijos de un Dios que no cesa jamás de amarnos y bendecirnos. Amén!

AÑO LITURGICO C

Año C: VI DOMINGO DESPUÉS DE LA EPIFANIA

Seguramente; "El camino para ser felices", sería el mejor titulo para esta meditación, en estos últimos domingos antes de iniciar la cuaresma, la liturgia de la palabra nos premia con textos muy ricos para nuestra meditación.

Para iniciar, el profeta Jeremías presenta el contraste entre el que confía y busca apoyo en el ser humano y en el que confía o tiene su corazón en el Señor. La invitación de Jeremías es a no confiar en las autoridades de su tiempo que se han hecho débiles, por no defender la Causa de Dios.

En este sentido, el profeta anuncia y denuncia diciendo que quien confía en las cosas de este mundo será estéril, es decir, no producirá, no aporta, no contribuye al crecimiento de nada. Por eso es maldito. En cambio el que opta por Dios, será siempre una fuente de agua viva que permite crecer, multiplicar, compartir, y sobre todo, no dejar nunca de dar fruto. De esta forma se introduce una reflexión sobre la verdadera felicidad, que solamente el sabio conoce.

Cada uno ha de mirar dónde ha echado raíces. Quien confía alocadamente en la acumulación de riqueza se verá reflejado en la imagen del cardo, que ha ido a "habitar" en tierra salobre e inhóspita. En cambio, quien pone su confianza en el Señor, ni siquiera en tiempo de sequía dejará de producir y seguirá dando fruto en todo tiempo. Y esta confianza la hemos de llevar no sólo en lo íntimo del corazón, sino manifestarla en expresiones alegres y exultantes.

Mientras mantengamos la confianza firme en el Señor, podemos felicitarnos, ya que nuestras raíces se nutren de ríos de agua viva y tienen vida para largo. Mientras sigamos "plantados" ahí, nadie nos hará daño, nadie nos moverá.

Querido hermanos y hermanas en Cristo, la verdadera vocación a la cual todos hemos sido llamados es a la felicidad, nuestro Padre Dios, quiere que seamos felices, de aquí que el mensaje de las bienaventuranzas debemos asumirlo como un proyecto de vida, como el mejor camino para seguir a Jesucristo.

Tanto en Mateo como en Lucas las Bienaventuranzas vienen a ser el prólogo de una larga instrucción dirigida a los discípulos en sentido amplio, es decir, a todo seguidor de Jesús.

El Señor nos ayuda a los creyentes a comprender bien que las bienaventuranzas son Evangelio, son buena noticia, alegre noticia dirigida a los pobres, a los afligidos, a los que sufren.

Por ello las bienaventuranzas se han de convertir todos los días en programa de vida. Jesús ha propuesto este modelo de vida con su propio ejemplo, y lo ha hecho para todo hombre y mujer que quieran seguir su mismo camino, pues las instrucciones que nos presenta son las actitudes básicas para matricularse como su discípulo, para asimilar el espíritu del reino y alcanzar la felicidad en plenitud.

El programa de las bienaventuranzas presentado por el Señor esta semana, nos obliga a meditar y aplicar a la situación particular que vive cada uno, la verdad de que la dicha total está en Dios. El Padre del cielo, es el único capaz de llenar todos los vacíos del corazón, y para llegar a El existen determinados caminos que exigen de nuestra parte desprendimiento, disponibilidad y abundante generosidad.

Las bienaventuranzas hablan de que las cosas pueden ser de otra manera, que Dios quiere que las cosas sean distintas a como son. Las bienaventuranzas hablan de un Reino, el de Dios, en el que se pondrá la historia al revés y los últimos serán primeros y los pequeños, serán grandes.

Pero ese Reino tiene dificultades para crecer entre nosotros, ya que se enfrenta a un ambiente contracultural y aparece como algo utópico para el tiempo de hoy. No obstante, el Señor, que es fiel a sus palabras y a sus promesas, sigue suscitando personas y moviendo corazones para que colaboren en esta tarea.

Una de las claves para esto está en la primera lectura, cuando el profeta Jeremías dice que lo importante es poner nuestra confianza en Dios, y no en los hombres.

No se trata de desconfiar de las personas, sino de saber que Dios siempre permanece fiel y sólo Él puede ser el motor de nuestras vidas y de nuestras acciones, si queremos hacer crecer su Reino entre nosotros.

Optar por las bienaventuranzas y por el Reino de Dios supone poner toda nuestra confianza en Dios. Pero también a sabiendas de que vamos a caminar contra-corriente. Optar por las bienaventuranzas supone reconocer a un Dios que está a favor de los empobrecidos, de los más desgraciados de este mundo. Optar por las bienaventuranzas es optar por un camino de felicidad que pasa por ayudarnos unos a otros a ser felices, sin necesidad de llenar nuestra vida de cosas y más cosas que nos proporcionan una felicidad pasajera, superflua y trivial.

Las bienaventuranzas aunque sean contra corriente, merecen la pena vivirlas, porque estamos confiados en que el Señor nos lleva a su plenitud. Dios nos trae su presencia salvadora, su Reino. Pero una presencia que exigirá de nuestra autonomía, de nuestra capacidad, de nuestra libertad, para que optando por ella, trabajemos en contra de todo lo que se opone a la dignidad y a la verdad, es decir, a la vida plena.

Que al participar hoy en esta Santa Eucaristía salgamos decididos a optar por este proyecto de felicidad de Dios, que pasa también por construir un mundo y una vida más digna para las personas que nos rodean y para todas las personas que más necesitan de nosotros. Actuando así, estaremos trabajando para construir el Reino de las bienaventuranzas, esto es el proyecto de felicidad de Dios para todos y cada uno de nosotros. Amén!

Año C: VII DOMINGO DESPUÉS DE LA EPIFANÍA

En la liturgia de la palabra de este domingo vemos, como otra vez Dios se acerca a nosotros, de nuevo nos toca y nos acaricia, con sus divinas manos, nos habla con tonos de amor. Dios al darnos su Hijo amado, nunca estuvo tan cerca, nunca fue tan fácil acudir a él, nunca mostró su cariño de forma tan sorprendente.

Y si las consecuencias del pecado fueron nefastas, las de la muerte de Cristo fueron maravillosas; hombre redimido, elevado hasta la categoría de hijo de Dios, hombre destinado a la gloria.

En verdad que el poder y el amor de Dios fue mayor al redimir que al crear, en verdad que el perdón fue más grande que el castigo. Ojalá seamos conscientes de nuestra propia dignidad, esa que Cristo nos ha conseguido al precio de su sangre.

El premio que Dios promete a quienes sean fieles a sus preceptos supera a cuanto nosotros pudiéramos desear. Una vida eterna sin sombra de dolor o de tristeza, una felicidad inefable y siempre duradera. Por eso también sus exigencias rebasan en ocasiones las inclinaciones naturales y congénitas del ser humano. Lo cual no quiere decir que pida cosas imposibles. Si así fuera, ningún ser humano podría cumplir con la ley divina, por muy grandes y ciertas que fueran las promesas.

El Evangelio es difícil de cumplir, pero no imposible. Jesús no ha disimulado jamás las dificultades que lleva consigo el seguirle; al contrario, casi podríamos decir que las ha exagerado en cierto modo.

Por otra parte, Él nos ha prometido su ayuda a la hora de la dificultad. De hecho muchos han conseguido la victoria definitiva, a pesar de su debilidad y de sus miserias, tan patentes y graves como las de cualquier ser humano.

De todos modos, hay que reconocer que las exigencias del Evangelio suponen esfuerzo y lucha, esa violencia contra uno mismo de la que habla el Señor cuando afirma que sólo los "violentos" entrarán en ese Reino, el de Dios, que padece violencia. En efecto, lo que nos enseña el pasaje evangélico de hoy, supone ser exigentes con uno mismo.

El ser humano tiende a querer a los que le quieren y a odiar a los que le odian. Sin embargo, Jesús nos dice que hemos de amar a nuestros enemigos, hacer bien a los que incluso nos odian, hablar bien de los que nos maldicen y orar por los que nos desprecian o injurian. Es más, si es preciso, hay que poner la mejilla izquierda cuando te han pegado en la derecha, y dar la túnica a quien se ha llevado el manto.

El Señor no protesta, se entrega a sus enemigos y les deja hacer con él lo que les parece: una parodia infame y cruel, tejida de espinas y golpes, de insultos y vejaciones. Antes de ese momento, Jesús había huido de sus enemigos, o los había vencido sólo con la majestad de su poder. Cuando llega la hora de entregarse, según la voluntad del Padre, él suplica y llora, suda sangre ante el peligro que se avecina, pero finalmente se entrega con decisión y generosidad. Así nos redime y al mismo tiempo, nos explica con su ejemplo cuál es el sentido profundo de sus palabras.

Amor y perdón, dos palabras claves que se repiten en las lecturas de este domingo. Fáciles de pronunciar, pero difíciles de practicar. Amar a los que nos aman puede ser insuficiente. El mérito está en amar a aquél que no nos lo puede devolver, e incluso a aquél que nos odia.

La cadena de la violencia sólo se rompe amando. Es la mirada de amor la que puede transformar el corazón de piedra del agresor. No cabe duda de que la violencia engendra violencia y esta rueda sólo se puede parar con la fuerza del amor. Hay un lado "provocador" en las palabras de Jesús en el Sermón del Monte: poner la otra mejilla, bendecir a los que nos maldicen, amar al enemigo, no juzguen y no serán juzgados, nos dice la palabra de hoy.

El amor puede hacer que el enemigo deje de ser enemigo y se convierta en un hermano, que reconozca su mal y trate de repararlo, que cambie de forma de pensar y de actuar.

Al rezar hoy el Padrenuestro no seamos hipócritas. Seamos sinceros al decir "perdona nuestras ofensas como también nosotros perdonamos a los que nos ofenden". Seamos comprensivos y compasivos como lo es Dios con nosotros. Si se nos hace difícil vivirlo pidamos, al menos, que nos ayude a perdonar como El nos perdona.

Nuestra vida cristiana no puede ser un carnaval. Es decir; un traje bajo el cual nos ocultamos para aparentar lo que no somos o un disfraz que utilizamos de vez en cuando para ser irreconocibles. Entre otras cosas, nuestra vida cristiana, no puede ser un carnaval porque, Dios, siempre sabe quién se esconde detrás.

EL RENACER DE LA ESPERANZA

La gran fiesta que podemos preparar, a partir del miércoles de ceniza, es la gran Pascua del Señor. Pasará el carnaval, enmudecerá la música, caerá el disfraz al rincón más olvidado y aparecerá aquello a lo que ninguno de nosotros podemos renunciar: nuestro auténtico rostro.

Ojalá, que ese semblante lo sepamos alegrar y divinizar con tantas cosas buenas que San Lucas nos ha sugerido en el evangelio de este día. Porque, el perfil del verdadero cristiano no necesita mascaras, caretas o trajes para transmitir la verdadera alegría que nace del corazón del que realmente cree.

Al ingresar ya a la cuaresma, pidámosle al Señor que nos ayude a ser más sinceros con nosotros mismos, para de esta manera aprovechar al máximo de la cuaresma, tiempo de gracia, tiempo de conversión. Amén!

AÑO LITURGICO C

Año C: ÚLTIMO DOMINGO DESPUES DE LA EPIFANÍA

Hermanos y hermanas en Cristo, hemos llegado ya al último domingo después de la Epifanía. Hemos pasado de la ternura de la Navidad y el esplendor de la Epifanía y ahora con paso firme nos encaminamos a la cuaresma.

Hemos vivido días muy especiales, en los que la liturgia de la palabra nos ha iluminado para que meditemos en la importancia de la oración, en la importancia de aumentar nuestra relación con Dios y con los que nos rodean.

En este tiempo nos hemos podido dar cuenta de cómo Dios se preocupa por nosotros y desea mantenerse en constante comunicación, de aquí su manifestación a través de los tiempos hasta llegar a ser uno de nosotros para comunicarnos su mensaje de amor, paz y justicia.

La liturgia de la palabra de hoy corrobora este aspecto y así es como en el antiguo testamento esa comunicación entre los personajes principales se da entre Moisés, Aarón y el pueblo de Israel. En la lectura del Evangelio Jesús, sus discípulos y el pueblo se comunican en dos momentos distintos. En uno de esos momentos Jesús ora y se comunica con Dios.

Jesús y Moisés manifestarán la voluntad de Dios a su pueblo cumpliendo con su llamado. A pesar de que en la vida de los personajes bíblicos percibimos sus victorias y frustraciones, nos falta ver cómo enfrentaban el día a día, cómo desarrollaban sus tareas y cómo no perdían el enfoque de lo que tenían que lograr.

El Santo Evangelio nos dice que: "Mientras Jesús oraba, el aspecto de su rostro cambió, sus vestidos brillaban de blancos". Nosotros humanamente experimentamos una serie de maneras de orar, tradicionalmente hablemos de oración vocal y oración mental, oración de alabanza y oración de petición, oración comunitaria y oración personal, etc.

Cualquiera que fuese, la oración es la mejor manera que tenemos los humanos para comunicarnos con Dios y sin oración no hay propiamente religión, o mejor, expresión religiosa.

Lo importante al comentar este texto evangélico de la transfiguración del Señor, es que la oración debe terminar siendo siempre un instrumento de transformación y transfiguración religiosa. Una oración que no nos cambie por dentro tiene poco sentido y poco valor. La oración debe ser siempre un acto de comunión y comunicación con Dios, porque en la oración de alguna manera somos habitados por Dios.

No oramos tanto para que Dios nos escuche a nosotros, sino para que nosotros escuchemos a Dios. En la oración debemos pedir transformarnos nosotros en Dios, no que Dios se transforme en nosotros.

Oramos para que nosotros seamos capaces de aceptar y hacer la voluntad de Dios, no para que Dios se adapte y haga nuestra voluntad. Una persona orante debe, además, manifestar en su vida ante los demás que es una persona habitada por Dios, imagen de Dios, hijo de Dios. La oración, además de tener una función transformadora de nuestro yo personal, debe tener una función evangelizadora ante los demás. La oración, debe transformarnos por dentro y transfigurarnos por fuera ante los demás. Así es como vieron los apóstoles a Jesús, cuando Jesús oraba en lo alto del monte Tabor. En el Tabor los tres apóstoles vieron a Jesús como el Hijo de Dios, al que hasta entonces sólo habían visto como el "hijo del hombre".

Dios en su infinita misericordia hacia nosotros, siempre ha buscado y está buscando nuevas formas de comunicarse, sólo hay que prestar atención, por tanto estemos atentos a su mensaje porque, en lo que nos rodea, todo nos habla de Dios. Muchas de las veces, nuestro "yo" es con quién más hablamos a diario. Aquí es donde nacen las respuestas al diario vivir. Presta atención a qué te estás diciendo tú mismo y transforma ese mensaje en palabra de Dios en Jesucristo Nuestro Señor. Será un alimento que mejorará lo que sale de ti.

Lo que salió de San Pedro, es lo que él en ese preciso momento estaba viviendo, un momento di infinito gozo y por eso dice. "Maestro, qué bien se está aquí. Haremos tres tiendas: una para ti, otra para Moisés y otra para Elías". Podemos decir que, en el éxtasis "No sabía lo que decía".

El deseo de Pedro era un deseo muy humano, si se estaba tan bien allí, ¿para qué iban a bajar al llano, a luchar contra tantas adversidades como les esperaban? Pero había que escuchar a Jesús, el amado del Padre, y Jesús les decía que había que bajar a la llanura y seguir camino hacia Jerusalén. Jesús sabía muy bien que en Jerusalén le esperaba la pasión y la muerte, pero también sabía que la pasión era el camino necesario para la resurrección.

La transfiguración de Nuestro Señor Jesucristo, nos tiene que llevar a reflexionar sobre la glorificación final del cuerpo humano. Terminar con el ciclo temporal de la existencia y dar una nueva dimensión de vida. La conversación del monte, sus imágenes, palabras y gestos nos hace ver toda la humanidad y al mismo tiempo toda la divinidad de los participantes.

Moisés y Elías habían sido hombres como nosotros y ahora estaban en otro momento de su existencia. Es verdad, que la vivencia próxima de los apóstoles y de los primeros discípulos del Resucitado tuvo que servir para profundizar en ese futuro nuestro que se ofreció con toda claridad en el monte de la Transfiguración.

Que nuestra oración nos permita un acercamiento mejor cada día. Que esa comunicación con Dios nos lleve a momentos de transfiguración para que brillemos en este mundo, demos testimonio de su amor reconciliador y por medio del servicio a nuestro prójimo especialmente a los más necesitados.

Llevemos nuestra experiencia con Jesús a una realidad diaria y a todas las situaciones que vivimos. Digamos alegremente: Jesús vive, vive en mí y vive también en ti y nos guía con amor a caminar en su luz, brillando también igual que Jesús en su transfiguración.

Meditemos y pensemos un poco en los momentos de nuestra oración, en los momentos en los cuales somos capaces de subir al monte, este lugar puede ser tal vez nuestro hogar, en nuestra capilla.

Las importantes lecturas de hoy exige una cercanía entre Dios, omnipresente y eterno, y los hombres y mujeres de todos los tiempos que, aunque exhiben su poquedad, pueden acercarse al milagro de la glorificación final.

Ello parece un poco lejano dentro de lo que vivimos nosotros, inmersos en la mediocridad de una época cada vez más material y menos espiritual. De aquí, la importancia de prepararnos de la mejor manera en esta cuaresma para las celebraciones de Semana Santa y Pascua. Jamás lo olvidemos que la cuaresma es tiempo de amor, de preparación y sobretodo de conversión. Amén!

CAPITULO TERCERO

MEDITACIONES DOMINICALES CORRESPONDIENTES A LA
Cuaresma y Semana Santa

AÑO LITURGICO C

IGLESIA SAN PABLO DENTRO DE LOS MUROS DE ROMA

Año C: I DOMINGO DE CUARESMA

Querid@s en Cristo nuestro Señor, al iniciar este tiempo de gracia, tiempo de conversión mi deseo más grande es el de caminar como verdaderos hijos de Dios hacia la Pascua de nuestro Señor y Redentor. La liturgia de este primer domingo de Cuaresma nos invita a recordar nuestro pacto, pacto de amor con Dios, de hecho en la primera lectura hemos escuchado la profesión de fe de los israelitas antes de entrar en la Tierra Prometida.

Los Israelitas recordaban que su historia, la historia de salvación, es obra de Dios. Fue Dios quien eligió al Pueblo, quien lo sacó de la esclavitud de Egipto al escuchar su lamento, quien lo guió a través del desierto hasta llegar a la tierra que Dios había prometido a sus padres, una tierra rica que mana, leche y miel. Al recordar su historia, el Pueblo de Israel daba gracias a Dios por su acción poderosa, por la misericordia que tuvo con ellos.

Por su parte la segunda lectura, nos hace meditar sobre la profesión de fe un ser humano espectacular, este es San Pablo. El Apóstol de las gentes nos recuerda que la palabra de Dios está en nuestros labios y en nuestro corazón, y que es el reconocimiento de Jesús como Señor y la fe en la resurrección de Cristo lo que nos salva.

En este primer domingo de Cuaresma, es bueno que cada uno de nosotros recordemos nuestra fe. También nosotros hemos experimentado la acción de Dios en nuestras vidas, hemos visto y hemos oído cómo Dios ha actuado siempre en nuestra vida, sacándonos de la esclavitud que ya no se encuentra en Egipto, sino en el pecado que se alberga en nuestro corazón. Pero reconocemos que es Cristo quien nos salva. Es Él quien actúa en nosotros, pues Él es el Señor.

Nosotros hemos puesto nuestra confianza y nuestra esperanza en Él. Por eso, a lo largo de esta Cuaresma, es necesario que nos acerquemos más al Señor, que su palabra esté en nuestros labios y en nuestro corazón.

Moisés exhortaba a su pueblo a temer y a amar al Señor siempre. "Adorarás al señor tu Dios y sólo a él le darás culto". Es aquí donde Moisés introduce el Shemá, la confesión de fe del pueblo de Israel: "Escucha Israel, el Señor nuestro Dios, el Señor es uno. Amarás al Señor tu Dios con todo tu corazón, con toda tu alma y con todas tus fuerzas". La autoridad ejercida por Jesús es pues, superior a cualquier autoridad ejercida por "espíritus impuros y por los reinos que gobiernan nuestro mundo.

La Iglesia con estos cuarenta días de gracia de peregrinación, nos está invitando a: gozar con la Palabra de Dios, a detenernos por el camino y conmovernos con las situaciones que reclaman nuestra atención y compromiso efectivo y afectivo. En definitiva, es un tiempo, para interpelarnos seriamente si ese amante que los cristianos tenemos, Cristo, es capaz de condicionar y centralizar un poco nuestra vida en su vida; de tratar de modelar nuestro cuerpo a su deseo no al nuestro; de que nuestra fe sea fortalecida con la vitamina de la oración en medio del ruido y del caos.

En el Evangelio de este primer domingo de Cuaresma escuchamos el pasaje estremecedor de las tentaciones de Jesús en el desierto. Después de su bautismo, una vez que el Espíritu Santo bajó sobre Él, Jesús fue empujado por el demonio al desierto y allí fue tentado. Si queremos tomar en serio nuestra vida de bautizados, si queremos prepararnos de verdad para renovar en la Pascua las promesas bautismales, sabemos que no van a faltar en nuestra vida las tentaciones.

El mismo Jesús fue también tentado. Las tentaciones de Jesús durante los cuarenta días que pasó en el desierto, como las tentaciones del Pueblo de Israel a lo largo de los cuarenta años que anduvo por el desierto tras salir de Egipto, como las tentaciones de Adán y Eva en el Paraíso, son las mismas tentaciones que tenemos tantas veces nosotros, los cristianos.

La tentación de convertir las piedras en pan, en la tentación de los israelitas de volver al alimento de Egipto, o la tentación de comer del fruto prohibido. Es la tentación de la carne, de satisfacer nuestros deseos, aún a riesgo de olvidarnos de Dios, el único que puede saciar de verdad nuestra hambre.

Esta tentación se combate con el ayuno. La tentación de poder y de la gloria a precio de arrodillarse ante el demonio, es la tentación de los israelitas de volver a las riquezas de Egipto, es la tentación de Adán y Eva de ser como dioses y tener el conocimiento del bien y del mal. Es la tentación del dominio sobre los demás, del afán de riquezas, de poder y autoridad. Esta tentación de combate, abriendo nuestro corazón, se combate con la limosna, con la obras de caridad, lo cual nos hace desprendernos de nosotros mismos para darnos a los demás.

Finalmente la tentación de arrojarse de lo alto, prescindiendo de Dios y confiando únicamente en nosotros, es la tentación de los israelitas en el desierto al adorar el becerro de oro, olvidándose de Dios que estaba haciendo la Alianza con Moisés, es la tentación de Adán y Eva de ser como dioses. Es la tentación de la negación de Dios, de la soberbia de la vida, del confiar sólo en nosotros mismos sin contar con Dios. Esta tentación se vence con la oración y la adoración a Dios.

Estas tentaciones sirven para demostrar lo que significa ser Hijo de Dios. Jesús está por comenzar su ministerio. Él resiste a los grandes poderes del mundo que mantienen a personas y a pueblos oprimidos. Estos son los mismos poderes a los que Jesús se enfrenta durante todo su ministerio y que al final lo llevarán a la cruz.

En esta Cuaresma recién comenzada, estemos dispuestos a caminar por el desierto, poniendo nuestra confianza y nuestra esperanza en el Señor. Hoy nuestra profesión de fe es reconocer que Cristo es el Señor de nuestra vida y de nuestra historia, que en Él está nuestra salvación. Sujetémonos a Él en este tiempo de lucha contra la tentación, apoyados en su palabra y así iremos preparando paso a paso la Pascua, el triunfo de Cristo sobre el pecado y sobre la muerte. No hay victoria si no es en la cruz de Jesús.

Cada vez que renovamos nuestro pacto bautismal, nos comprometemos a resistir el mal, a proclamar por la palabra y el ejemplo las Buenas Nuevas de Dios en Cristo, nos comprometemos a buscar y a servir a Cristo en todas las personas, a luchar por la justicia y la paz entre todos los pueblos y a respetar la dignidad de cada ser humano. Amén!

Año C: II DOMINGO DE CUARESMA

La fe provocó de nuevo el prodigio. Y aquella noche serena, iluminada de mil estrellas, la voz amiga de Yahvé se dejó oír. Abrahán se puso a la escucha con la misma fe de siempre: Mira al cielo, le dice, cuenta las estrellas si puedes. Y los ojos cansados del patriarca se perdían entre aquellos puntos luminosos sobre el oscuro cielo. Pues así será tu descendencia, concluyó el Señor.
Sara la estéril y Abrahán el anciano, tuvieron un hijo; de aquí brotaría el frondoso árbol del pueblo de Dios, renovado y engrandecido por Jesucristo, de esta manera todos los que tienen fe en Jesús son descendientes de Abrahán, miembros del pueblo santo, hijos de Dios, herederos de su gloria y así es

como la fe nos incorpora a la familia de Dios, nos injerta en Cristo el primogénito.

Queridos y queridas en el Señor, es necesario y tenemos que ser conscientes que hace falta que la fe sea viva, comprometida, amorosa y constante. Porque una fe con obras, aún sin quererlo, se nota; por tanto nos tenemos que empeñar seriamente por ser coherentes en toda nuestra vida, sea ésta pública y privada.

Yahvé le dio una prueba de que su palabra se cumplirá. Yahvé se puso a la altura de Abrahán, con la misma ternura que un padre se agacha hasta ponerse a la altura de su pequeño hijo para escucharlo y aconsejarlo.

Al atardecer, al ocultarse el sol, una vez más el milagro, el prodigio se realiza porque así es Dios, El nunca falta a sus promesas. A pesar de no tener ninguna obligación hacia nosotros, de no debernos nada en absoluto, Dios permanece siempre fiel a su compromiso de amor. Seremos nosotros, los descendientes de Abrahán, los que nos empeñemos en romper el pacto que hicimos con el Señor.

En este relato del pacto que el mismo Dios hace con el patriarca Abrahán, estamos incluidos todos nosotros porque gracias a su profunda FE Dios a nosotros también nos ha dado su paternidad.

San Pablo nos dice que la fe y la esperanza pasarán, pero el amor no pasa nunca, por eso EL se entristece al ver que muchos de sus catequizados andan como enemigos de la cruz de Cristo; sólo aspiran a cosas terrenas. San Pablo siempre consideró a los cristianos de Filipos como sus "hermanos muy queridos y añorados". Por eso, ahora, cuando se entera de que también entre ellos hay algunos que se han apartado del verdadero evangelio que él les predicó, les dice, con lágrimas en los ojos, que vuelvan todos al buen camino. Ellos son ciudadanos del cielo y no pueden aspirar sólo a cosas terrenas.

Este consejo de san Pablo sigue teniendo hoy pleno valor también para cada uno de nosotros. Todos nos vemos tentados cada día por las cosas de este mundo; Pero no debemos dejarnos arrastrar por la tentación de las cosas terrenas, sino que debemos aspirar todos los días a las cosas del cielo, es decir, a vivir como auténticos cristianos, defendiendo los valores del evangelio que nos predicó Jesús.

Aspiremos cada día, con paciencia y amor, a hacer de este nuestro pobre mundo un verdadero reino de Dios. Aunque si tenemos que enfrentarnos a los grandes de este mundo tal como lo hiso nuestro Señor Jesucristo.

El perfecto ejemplo hoy nos lo da nuestro Maestro. En el Evangelio que acabamos de escuchar, el Señor nos da una clara muestra de valentía. Él tiene una Misión que cumplir que está muy por encima de lo que quiera decirle Herodes, y no va a ser él quien lo detenga o atemorice.

Este debe ser el camino que también nosotros tenemos que recorrer; porque éste es el mejor ejemplo que podemos dar. Hay cosas que debemos hacer; hay deberes que tenemos que cumplir, que no pueden estar sujetos al temor, a la amenaza de nadie en este mundo.

Nuestra lucha va más allá de intereses personales, nosotros estamos luchando por propagar el mensaje de salvación de Cristo y no podemos detenernos frente al enemigo. Si precisamente gran parte de nuestra misión consiste en combatir, en arrancar el mal de nuestras vidas.

Y porque somos descendientes de Abrahán y seguidores de Cristo, tenemos el poder para hacerlo. Mientras el bien avanza, el mal retrocede. Seguros y convencidos que el bien avanza y que tiene garantizado el triunfo, porque Cristo con su muerte y resurrección, ha vencido todo el mal, toda la maldad, toda hipocresía, toda mediocridad y ello constituye la mejor garantía del triunfo final.

Entonces, no se trata de rencillas personales, de motivaciones mezquinas. Nuestra lucha, nuestra misión, no se agota tras cada escaramuza, nuestra misión de buenos cristianos no puede ser comprometida por los problemas o las persecuciones; tenemos un trabajo de largo alcance que realizar y no terminará hasta que en nuestro corazón el único que reine sea Cristo.

Nuestra lucha ha de ser por unir, por armonizar, por lograr la paz y el amor entre hermanos y hermanas. Si por eso hemos de ser perseguidos y aún morir, pues, dejaremos este mundo con la certeza que llegará el momento del triunfo final.

Hoy digámosle al Señor convencidos, de que mientras estemos en este mundo, aremos todo lo posible por trabajar para su Reino, el único reino de amor, paz y justicia. Amén!

Año C: III DOMINGO DE CUARESMA

Las lecturas de hoy marcan el comienzo de una nueva relación entre Dios y su pueblo, entre Dios y cada uno de nosotros sus hijos. Es el comienzo de una relación directa de Dios y la humanidad; y así como fue para Moisés un momento de cambio en su vida, también tiene que necesariamente serlo para cada uno de nosotros, porque toda acción de Dios conlleva un cambio radical en nuestras vidas, en nuestra comunidad, en nuestra sociedad.

Dios declara que Él ve la opresión, las injusticias y el sufrimiento de su pueblo. Dios nombra a Moisés para que intervenga en su nombre. El ángel del Señor se le apareció a Moisés en medio de la zarza ardiente y le pregunta. ¿Dónde está Dios y a qué te está llamando? Esa es la pregunta clave que nos ofrece la historia de Moisés y la zarza ardiente, hoy también tiene que resonar en nuestros corazones las misma pregunta: donde esta nuestro Dios y a qué nos está llamando?

En nuestro caminar diario, cada persona con la que nos encontramos, cada extraño, es una zarza ardiente llevando consigo la divina presencia en su propia vida. Si tan sólo nos detuviéramos, nos daríamos cuenta de que estamos pisando tierra santa, de que si estamos en presencia de Dios, todo estará bien, porque en cada momento de nuestras vidas, Dios está presente.

El universo está lleno de ángeles de Dios. El mundo está en constante presencia de zarzas ardientes. Depende de nosotros, descubrir su presencia, dejar a un lado los afanes de este mundo y sentir su presencia, sentir su mano amorosa en cada circunstancia y afán de nuestro diario vivir.

Dios le dice a Moisés "Moisés, claramente he visto cómo sufre mi pueblo. Los he oído quejarse por culpa de sus capataces, y sé muy bien lo que sufren, Por eso he bajado, para salvarlos.

Muchas veces, mirando tanta injusticia, tanta calamidad, tanto mal en el mundo, nos preguntamos donde está Dios. Pero en la historia de Éxodo, Dios deja bien claro que Él escucha cada sufrimiento, cada grito de desesperación y cada grito de dolor. Que Dios, al igual que nosotros está plenamente involucrado en nuestras aflicciones sin importar cuáles sean. Con mucha más frecuencia de lo que imaginamos, la presencia de Dios se manifiesta a través de todos nosotros.

Nosotros somos como ángeles de Dios. Cada uno de nosotros es un mensajero de Dios, cada uno es portador del poder sanador de Dios, cada uno de nosotros podemos dar frutos de paz, justicia y amor que tanto se necesita en este mundo.

Este es un momento crucial para nosotros. Depende de nosotros, para poder experimentar nuevamente la presencia de Dios en mi vida del día a día. Depende de nosotros, el asegurarnos que la dignidad de cada ser humano sea respetada.

Depende de nosotros más que de Dios, garantizar que cada persona reciba asistencia médica, que cada niño reciba una educación adecuada, que los niños no mueran de hambre ni de sed, que los ancianos reciban cuidado. Depende de nosotros más que de Dios que los prejuicios y la discriminación sean erradicados y que los sistemas de opresión sean exterminados. Depende de nosotros el construir una sociedad más humana.

Dios siempre espera lo mejor de nosotros. El Evangelio vincula la paciencia con el crecimiento, la vida y los frutos de la higuera; esto está vinculado en definitiva con el amor, pues éste forma parte de la auténtica paciencia. Pues la vida crece despacio, tiene sus horas, sus tiempos, va por muchos caminos, especialmente cuando se refiere a nuestro crecimiento espiritual y esto es lo que Dios contempla desde su infinito amor a nosotros sus hijos, que muchas veces somos como la higuera del Evangelio.

Quien no ama la vida no tiene paciencia con ella. Dios es el gran paciente porque es el amor y fuente de toda vida. Removamos la tierra, alimentémosla, quitemos todo aquello que hace infecunda nuestra vida y dejemos que la Gracia de Dios la abone. Dirijamos una y otra vez, nuestra oración Dios: "Sabemos que tu paciencia no se agota jamás, que tu capacidad de espera, no tiene límites. Por eso te decimos: danos una nueva oportunidad. Ten paciencia con nosotros ¡Señor, ten paciencia conmigo, y concédeme otra oportunidad, para que en los años que me resten de vida, serte fiel y dar frutos en abundancia.

Confiados de que Dios en su infinita misericordia, nos dará otra oportunidad, seamos optimistas y no decepcionados y tristes en el camino de la fe. Aún en medio de dudas y de complicaciones, de pruebas y de sufrimientos no sólo espera de nosotros mucho sino que, además, se compromete para que como propietario de la viña de la que formamos parte, sigamos sembrando ilusiones y esperanzas con nuestro ejemplo de vida.

No podemos quedarnos de brazos cruzados. El riesgo de muchos de nosotros, de los que nos decimos cristianos, es que nos conformemos con ser simples ramas de un frondoso árbol. Es decir; que cobijados o justificados bajo el paraguas de un Dios tremendamente bueno, renunciemos a mostrar la mejor cara de nuestra vida cristiana.

Jamás tenemos que renunciar a ser pregoneros de su presencia en un mundo que la margina, a ser defensores de los valores del Evangelio en una atmósfera colapsada por tantas palabras mediocres, baratas e insensatas. En definitiva: no nos limitemos a llevar una vida cristiana mediocre, busquemos siempre la perfección así como nuestro padre es perfecto. Amén!

Año C: IV DOMINGO DE CUARESMA

Si hay una palabra que reasume el mensaje de la Cuaresma de este año es la palabra misericordia. Normalmente identificamos la misericordia con el perdón o la compasión. Pero tiene también otros significados, en la parábola del Buen Samaritano se identifica con lo que hoy llamamos "solidaridad". El origen etimológico de la palabra revela un sentido más rico y profundo. En hebreo "rahanim" expresa el apego de un ser a otro. Para la mentalidad semita este apego nace en el seno materno, es decir en las entrañas.

Nosotros diríamos que significa que una persona está en el corazón de otra, es el cariño, la ternura que se traduce en compasión y perdón ante el fallo de un hijo o de un hermano.

El padre del "hijo pródigo" fue ciertamente misericordioso, porque llevaba a su hijo en el corazón, en sus entrañas más profundas. Demostró que le quería porque formaba parte de su ser. Por eso recibió a su hijo con los brazos abiertos, sin reprocharle nada. Le había perdonado incluso antes de que su hijo se lo pidiera. Así actúa Dios con nosotros. Espera que volvamos a su encuentro, porque es en su regazo, acogiéndonos a sus entrañas amorosas, como podemos ser felices.

La Cuaresma como lo venimos diciendo es un tiempo muy especial en el que con mucha humildad, reflexión sobre nuestra vida de cristianos y luego de rectificación, de saber corregir los caminos equivocados, en esto consiste la verdadera conversión. Todo nuestro quehacer, debe ser muy cercano al ejemplo de nuestro padre misericordioso porque, a veces, somos capaces de demandar perdón para nuestras faltas, pero incapaces de perdonar a quién no ha ofendido.

Sinceramente, es más fácil arrepentirse que perdonar, porque el peso de la culpa hunde y molesta, pero uno se endurece ante el efecto de la ofensa, en ocasiones se buscan muchas razones para mantenerla, más que para comprender al ofensor.

Misericordia es también ponerse en lugar del otro. El "hijo que no era pródigo", sin embargo no supo, o mejor, no quiso ser misericordioso, quizá porque le faltaban entrañas o porque su corazón era duro como una piedra. Es verdad que a todos nos cuesta perdonar a los que nos ofenden. Misericordia es también ponerse en lugar del otro. Es decir y sentir que "lo que a ti te pasa a mí me importa".

Eso es solidaridad, ponerse en lugar del otro y sentir en propia carne el dolor del hermano. Porque misericordia engloba dos términos: "miseria" y "corazón". Hay que poner corazón en la miseria humana, en aquél que tiene su cuerpo destrozado por la miseria humana o su espíritu roto por el desamor.

Los fariseos y los escribas murmuraban entre ellos: ese acoge a los pecadores y come con ellos. Jesús les dijo esta parábola. De la lectura del texto evangélico se deduce claramente que Jesús no dirige su parábola a los fariseos y escribas para que estos se fijen en el comportamiento del hijo, sino para que se fijen en el comportamiento del Padre.

Misericordia y caridad. En el salmo proclamamos: "gustad y ved qué bueno es el Señor". Ser bueno no es simplemente no ofender a nadie, es hacer el bien, salir al encuentro del que está angustiado, perdonar y amar entrañablemente, como nos enseña Jesús en la parábola que yo titularía con otro encabezamiento: "El Padre misericordioso" porque él, el padre, es el auténtico protagonista.

Por eso, esta parábola debe llamarse con propiedad parábola del Padre pródigo, mejor que llamarla parábola del hijo pródigo. Y no hay duda de que esta parábola refleja mejor aún que ninguna otra la inmensa misericordia de Dios, como padre, hacia todos sus hijos, hacia los que siempre se portaron bien, en este caso el hijo mayor y hacia los que se portaron muy mal, como el hijo menor.

Lo que Jesús quiere decir con esta parábola a los fariseos y escribas que le criticaban es que él está haciendo con los pecadores que se acercaban a él exactamente lo que hace Dios con todos nosotros, justos y pecadores: amarnos pródigamente, es decir, con una generosidad sin límites.

Pues bien, si nosotros queremos ser seguidores de Jesús, deberemos hacer lo mismo que él hacía: amar a todas las personas con generosidad extrema. Sólo así puede entenderse el mandamiento de Jesús de amar al prójimo, incluso al prójimo enemigo.

EL RENACER DE LA ESPERANZA

Porque también parece claro que Jesús no amaba a los pecadores, para que siguieran siendo pecadores, sino para que dejaran de serlo. El amor a Jesús, exige de nosotros la conversión a Jesús. Debemos amar a todas las personas, precisamente para que todas las personas, incluidos nuestros enemigos, se hagan mejores, con nuestro amor.

La seguridad que tenía el hijo menor en el amor pródigo de su padre es lo que le animó a volver a la casa paterna. Sí, si los cristianos queremos salvar el mundo, deberemos intentar hacerlo a base de mucho amor, de un amor pródigo, como hizo el Padre pródigo con su hijo.

En pocos días estaremos iniciando la Semana Santa, por favor que no se nos olvide que: el Señor con la parábola del hijo pródigo nos hace ver que, no sólo es paciente sino que, cuando regresamos, salta de gozo y de alegría.

El júbilo de Dios, al contrario del de muchos de nosotros, es una alegría por el que vuelve, por aquel que se libera de las garras de la mediocridad o de la frialdad del mundo para retornar y vivir definitivamente en la Casa del Padre.

Cuando nos alejamos de Dios, es muy fácil caer en las tentaciones seducciones que nos adormecen o engañan. Pero Dios con si infinita misericordia lejos de abandonarnos, Dios, nos acompaña en esas situaciones en las que nos encontramos frecuentemente traicionados, despreciados, minusvalorados o huérfanos.

Dios, cuando miramos hacia atrás para buscarle, siempre sale a nuestro encuentro, salta de gozo porque, como hijos, nos recupera. Prepara, una auténtica fiesta, porque para Él es más importante que el hijo regrese a casa que cualquier otra cosa. Puede más la misericordia que el ajuste de cuentas, porque el amor es más grande de todo en este mundo, porque el amor es el motor, es la energía que mueve el mundo. Amén!

AÑO LITURGICO C

Año C: V DOMINGO DE CUARESMA

Ya a las puertas de vivir la semana más importante de nuestra historia de salvación esto es: la Semana Santa. El Evangelista Juan nos introduce a la última semana de Jesús en este mundo y así es como en este domingo leemos una historia muy hermosa que es contada incluso hoy en día y recordada de generación en generación entre el pueblo cristiano.

Este es el pasaje del ungimiento de nuestro Señor Jesucristo antes de su muerte. De este hecho tenemos al menos otras dos versiones que se narran en los evangelios sinópticos, Mateo, Marcos y Lucas, y que guardan muchas similitudes entre ellas. Para este momento los fariseos y principales sacerdotes habían girado la orden de buscar a Jesús y capturarlo, conspirando contra Él con el fin de matarlo. Aquí lo vemos nuevamente en Betania, en casa de Marta, María y Lázaro, seis días antes de la pascua.

El día de hoy, el evangelio de Juan nos invita a participar de una cena muy íntima preparada en honor a Jesús en una casa de Betania a escasos dos kilómetros de Jerusalén. El escenario de esta celebración es el hogar de unos viejos y muy cercanos amigos de Jesús, los hermanos María, Marta y Lázaro. Jesús se dispone a visitar esta casa antes de entrar a Jerusalén por última vez.

Pocos días antes este pequeño grupo de amigos había experimentado la conclusión milagrosa de una gran crisis emocional que a todos tenía sumidos en el llanto y el dolor, esto es: la muerte y resurrección de Lázaro. Ellos eran discípulos de Jesús por eso le llamaban Señor porque sabían quién era él.

El Evangelista muy perspicazmente nos hace notar que faltaban seis días antes de la fiesta de la pascua y si es así significa que ese día era viernes, muy posible al final del día judío, es decir, cerca de las seis de la tarde y cercano al día de reposo, considerando que la mayoría de comentaristas están de acuerdo que la entrada triunfal fue un domingo, con lo que comienza lo que algunos llaman *"la semana de la pasión de Cristo"* y si es así, quedarían 6 días antes jueves donde Jesús estaría celebrando la pascua con sus discípulos, y al octavo día, es decir, el viernes, Jesús seria crucificado.

Por ser días cercanos a la pascua, Jerusalén solía saturarse de cientos de judíos que venían en peregrinación de todas partes del mundo con el fin de pasar la pascua, los mesones y aposentos se saturaban y esto hacía que algunos buscaran establecerse en aldeas cercanas a Jerusalén, y en este caso nuestro Señor solía quedarse en Betania, en la casa de Marta, María y Lázaro.

Podemos ver que Lázaro estaba sentado al lado de Jesús y que Marta era la que les había preparado la comida y les servía. Como vemos en Lucas creemos que Marta era la hermana mayor y como principal anfitriona era la que se preocupaba siempre por servirles y atenderles, y en este afán a veces olvidaba atender las enseñanzas de su Maestro.

Esta familia amaba mucho a Jesús y aquí vemos que el verdadero amor es aquel que no solo lo expresa de labios sino se manifiesta a través de sus obras, y vemos aquí una mujer que tomo una libra de perfume de nardo puro, de muchísimo precio, y con él ungió los pies de Jesús.

Generalmente, antes de entrar a una casa parte de la hospitalidad consistía en lavarle los pies a los invitados, pero esta labor era exclusiva de los esclavos, ningún hombre libre se humillaba para hacer esta tarea, pero aquí vemos a esta mujer, que no le importo rebajarse al nivel de un esclavo, y es más, ni siquiera uso agua, sino utilizo un perfume que en su tiempo era de gran valor, que según este texto era equivalente a trescientos denarios, es decir, casi un año de salario de un jornalero; pero a esta mujer no le importo el precio, al contrario, quería ofrecerle a Jesús algo que le costara mucho porque realmente lo amaba. También, ella enjugo con sus cabellos los pies de Jesús.

Para poder hacer esto tuvo que haberse soltado el cabello y soltarse el cabello era muy humillante para las mujeres judías ya que solo un cierto tipo de mujeres acostumbraban hacerlo, sin embargo, no le importo sino se humillo en gran manera con tal de dejar secos los pies de Jesús.

Finalmente, la casa se llenó de un olor tan agradable que testificaba a grandes voces el amor que esta mujer tenía por su Señor. Es que el verdadero amor nos lleva a la entrega máxima, al sacrificio, a dar lo mejor por aquellos a quienes decimos amar, el verdadero amor nos impulsa a grandes obras a favor de los más necesitados, a expresar en verdadero sacrificio y servicio a través de nuestra vida a favor de Cristo y todas estas obras son una evidencia de nuestro amor.

Acabamos de ver como un corazón agradecido y que verdaderamente ama no escatima esfuerzos ni sacrificios para dar lo mejor que tiene, así esta mujer llamada María no escatimo derramar una libra de perfume para ungir a Jesús, aun cuando el perfume tenía un precio muy elevado en su tiempo.

Pero después de haber considerado estos versículos, los siguientes nos muestran todo lo contrario. Si nos damos cuenta el corazón de Judas era malo y lejos de elogiar la obra de amor que María había realizado, el se lleno de envidia y codicia al ver como aquel perfume que había sido ofrecido a Jesús en total adoración no paso por sus manos para robárselo si le hubiera sido posible.

Esta mujer encontró verdaderamente al Señor. En el silencio, le abrió su corazón; en el dolor, le mostró el arrepentimiento por sus pecados; con su llanto, hizo un llamamiento a la bondad divina para recibir el perdón. Para ella no habrá ningún juicio si no el que viene de Dios y este es el juicio de la misericordia. El protagonista de este encuentro es ciertamente el amor, la misericordia que va más allá de la justicia.

La obra que aquella mujer había hecho era una verdadera expresión de amor y adoración hacia Jesús que de alguna manera preparaba el cuerpo de nuestro Señor para la muerte que le esperaba la siguiente semana, esto que había ocurrido era también un acto profético de lo que pasaría la próxima semana en la vida de Jesús.

Jesús se encuentra con sus amigos. Yo soy su amigo. Sale a mi encuentro. Es Él quien va a Betania y quien viene a tocar a mi puerta. Desea sentarse a mi mesa, partir el pan conmigo, hablar conmigo.

Toca a la puerta de mi corazón para iluminarlo y consolarlo: "Sólo Él tiene palabras de vida eterna" No sólo está a mi lado; me lleva en sus brazos para que las asperezas, las piedras y el fango no me salpiquen y no me hagan tropezar y caer, si yo quiero y aunque cayera, su amor no disminuiría, incluso me amaría más, limpiaría mis heridas y manchas del camino.

Él sería una María de Betania para con nosotros, nos perfumaría los pies y la cabeza. ¿No deberíamos nosotros hacer lo mismo? Ponernos a sus pies y llorar. Llorar por la tristeza de ofenderle y llorar por la alegría de su perdón. Las lágrimas son la mejor oración que podemos elevar a Dios y también, perfumar sus pies; que el perfume de nuestras buenas obras y el ungüento de nuestro perdón sean dignos de un Dios tan misericordioso.

Como Él perdona, así perdonar a quienes nos ofenden. No nos fijemos en el "derroche" de este muy costoso perfume. Es un perfume que nunca se acaba si es a Cristo a quien lo ofrecemos, obrando así prepararemos la sepultura del Señor y el advenimiento más importante en toda la historia de salvación su resurrección, porque como dice la Escritura: "si Cristo no hubiera resucitado, vana fuera nuestra fe".

Vayamos por el mundo con la frente en alto y proclamemos a todos y a todas que Cristo a resucitado, es esta la gran fiesta que celebraremos el domingo de resurrección. Amén!

Año C: DOMINGO DE RAMOS

La lectura de Isaías tiene tres partes. Primero el profeta dice que Dios lo ha escogido y lo ha impulsado para proclamar la palabra de Dios. Segundo, el profeta no se echa para atrás; ofrece la espalda a golpes, recibe los insultos por ser profeta de Dios. Finalmente, el profeta persiste en mostrar coraje, su rostro fue como roca.
 Eso es lo mismo que vemos en la Pasión; Jesús no echó para atrás, El sabía que su ministerio y su predicación acababan en estas torturas y humillaciones, en esta muerte tan cruel y fea. Obedeció al Padre. Proclamó la verdad del Padre. Cumplió su misión por el Padre.
 En la carta a los Filipenses, San Pablo, en uno de los pasajes más maravillosos de la Biblia, describe en un himno lírico como Jesús abandonó sus prerrogativas divinas para tomar la condición de siervo, para humillarse, para morir en

una cruz. El Hijo se hizo humano y escogió ser humillado y morir.

Para nosotros, al contrario, la humillación y la muerte son parte de nuestra condición desde nuestro nacimiento. Jesús hizo lo que nosotros nunca pudiéramos hacer.

La lectura de la pasión nos recuerda los últimos momentos vividos intensamente por Jesús y nos recuerda que no podemos quedarnos con la contemplación piadosa de un cuadro melodramático.

La lectura de la pasión debe ayudarnos para descubrir el drama que hoy vive la humanidad y nuestra actitud ante ella. No se proclama la Pasión de Jesús para contemplar o imaginar un espectáculo masoquista que nos muestra cómo unos hombres malos mataron al Hijo de Dios.

Tampoco se proclama para que los fieles nos demos golpes de pecho y lloremos desgarradamente por el "pecado de Adán". No podemos olvidar que Él cargó con nuestros pecados. Aceptar nuestra propia cruz nos cuesta mucho, pero nos puede ayudar a llegar hasta Dios.

Abramos nuestros oídos y también nuestros ojos, nuestra mente y nuestro corazón, para descubrir, en la lectura de la Pasión, nuestra propia realidad. Tal vez nos identifiquemos con el que traiciona y vende a su amigo, a su familia, o a su pueblo por dinero.

El hombre que facilita su casa para celebrar la cena pascual y provee generosamente para el compartir fraterno. El miedo de los discípulos ante el peligro; la falsa promesa de Pedro de acompañar a Jesús y estar dispuesto a morir con él, y la negación posterior.

La debilidad en la oración por parte de los discípulos, el sueño que no los deja ver la realidad y la invitación a estar siempre vigilantes y orantes, pues no es fácil asumir la cruz de cada día.

EL RENACER DE LA ESPERANZA

Hoy estamos aquí reunidos para juntos celebrar el inicio de la Semana Santa; gritando entusiasmados la llegada del que viene en nombre del Señor, dando vivas al Altísimo. El que grita es el pueblo sencillo, la gente pobre que espera y desea la llegada de un futuro mejor, de un reino nuevo como el que predica este profeta de Galilea.

El domingo de Ramos siempre ha tenido en la tradición cristiana un aire de fiesta, de entusiasmo, de alegre fe y esperanza. Comienza la semana más grande del año. Gritamos porque no estamos contentos con lo que somos y lo que tenemos, y esperamos que alguien venga a sacarnos de nuestra postración y nuestra miseria.

Eso le ocurría a la gente sencilla que acompañaba a Jesús en su entrada triunfal a Jerusalén. Veían a Jesús como a un redentor, como un liberador, como alguien más poderoso y más santo que los jefes políticos y religiosos que tenían. Y querían que este profeta les librara ya, anulando poderosa y milagrosamente a la gente que se le oponía.

Por eso se desanimaron tan pronto, cuando vieron que este profeta era llevado, vencido y ajusticiado, por los poderosos de siempre. A muchos de nosotros puede pasarnos hoy lo mismo que pasó a la gente sencilla del tiempo de Jesús.

Muchas de las veces, deseamos que alguien nos solucione los problemas o la situación de crisis por la que estamos pasando como por obra de magia; queremos que nos arreglen las cosas hoy y ya, muchas de las veces sin pensar en el mañana, sin que nosotros tengamos que poner algo o mucho, de nuestra parte. Y no es así: la redención sólo llega después de un tiempo duro de pasión. Si nos negamos a la pasión, estamos renunciando a la redención.

Ahora, como entonces, la gente prefiere creer al que le promete un futuro mejor, más rápido, y con el menor sacrificio posible. Todos queremos que llegue cuanto antes el reino de Dios, un reino de justicia, de amor y de paz. Pero no queremos andar el camino propuesto por Cristo para llegar a él, el camino de las Bienaventuranzas.

Dejamos que otros sean los pobres, los mansos, los que luchan por la justicia, los que perdonan, los que son generosos en amar a todos, preferentemente a los más necesitados. Nosotros queremos primero el éxito, el dinero, las satisfacciones materiales, el poder político y económico; para nosotros eso es lo primero y urgente; el camino de las bienaventuranzas puede esperar.

Y por eso, al que nos pide humildad, fortaleza en la adversidad, lucha contra la injusticia, corazón limpio y un amor generoso y sacrificado a Dios y al prójimo le volvemos la espalda. Y dejamos que crucifiquen al Cristo que predica amor y perdón, lucha contra el mal y amor hasta la muerte.

En este Domingo de Ramos hagamos el propósito de luchar siempre contra el mal y de ponernos a favor de tantas personas que, por amor a Dios y al prójimo, son capaces de exponer hasta su propia vida en defensa de los valores del evangelio de Jesús. Así lo hizo nuestro Salvador, el aclamado primero como Rey y crucificado después como reo.

La celebración de hoy comienza con gran alegría. La procesión de las palmas es siempre alegre y vibrante. Es cierto que nosotros mismos, como los habitantes de Jerusalén, hace ahora más de dos mil años, hemos participado de la alegría del momento.

Muchos y muchas se han vestido mejor, más elegantes. Pero, la alegría se detiene tras la lectura de la Pasión según San Lucas. El alma se nos entristece por la tragedia, dolor y mucho sufrimiento de nuestro Maestro Bueno. Es verdad que cuando salgamos de nuestra Iglesia hoy, llevaremos la impronta de pesar, dolor y culpa que predominan en el camino hacia la Cruz de Jesús de Nazaret.

A lo largo de su vida nuestro Señor Jesucristo quiso dejar claro que era pacífico. Entró en Jerusalén sobre el animal

EL RENACER DE LA ESPERANZA

más humilde y no a lomos de un impetuoso caballo blanco, rodeado de sus guardias de seguridad. Los antiguos reyes judíos utilizaban el borriquillo como, precisamente, símbolo de humildad. El cortejo real era festivo y propio de una romería. Las gentes le saludaban con ramos de olivo señal de paz.

Con gran sabiduría la Iglesia pone en la liturgia de la palabra de hoy el relato completo de la Pasión de Nuestro Señor Jesucristo para que no haya duda sobre que celebramos hoy. Por eso, la liturgia tiene una lectura de júbilo, asociada a la procesión de Ramos y el relato íntegro de la Pasión.

Con gran disponibilidad de cuerpo y espíritu, tenemos que disponernos a vivir la Pasión junto a Jesús. Participando sinceramente a todas las ceremonias comunitarias que tendremos en estos días, tenemos que abrir nuestro corazón a la pasión del Señor y por así contemplar su sufrimiento por todos y cada uno de nosotros y hacerlo nuestro para mejor acompañarle en este camino.

Así con el ánimo dispuesto, servir mejor a nuestros hermanos, sin olvidar en estos momentos a todas las personas que están sufriendo como el Señor.

En nuestras oraciones tengamos presentes a nuestros seres queridos, amigos y más conocidos que están pasando momentos difíciles por motivo de salud, en los hospitales, tengamos presentes en nuestras oraciones a los ancianos abandonados en los asilos.

A ellos, nosotros, deberíamos mostrarles que Jesús está sufriendo con ellos y que no están solos. De verdad, aprovechemos estos momentos de la Semana Santa y hagamos de ella un acontecer único, profundo, fuerte, pero manso y humilde, como lo es nuestro Señor Jesús. Amén!

AÑO LITURGICO C

C DOMINGO DE PASCUA

Hoy los cristianos nos vestimos de fiesta, porque Jesús venció la muerte, venció el pecado, venció el mal. Toda la historia de salvación tiene su fundamento, su cúlmen y su manifestación más plena en la resurrección de Jesús.
 El sepulcro está vacío. Las mujeres no encuentran el cuerpo de Jesús dentro de la tumba, y los discípulos tampoco. Ahora toca dar testimonio de la presencia viva de Dios entre nosotros. Ellos y nosotros somos testigos del sepulcro vacío por ende testigos del resucitado.
 Para buscar a Dios en la vida y dar testimonio de Él, Jesús nos enseña, Jesús nos muestra el camino: la Sacra Escritura, precisamente el Santo Evangelio que hoy hemos escuchado, nos dice: "Él va por delante de vosotros a Galilea. Allí lo veréis".

EL RENACER DE LA ESPERANZA

Queridos Hermanos y hermanas, Galilea, allí donde lo veremos a Jesús, no es más que nuestra vida de cada día, es nuestra familia, nuestros trabajos, la universidad, la escuela, nuestros quehaceres diarios con todos sus problemas y dificultades.

Entre ellos anda el Señor resucitado, allí podemos encontrarnos con Él. Allí es donde Él nos llama a ser sus testigos, así como Jesús lo hizo, con su estilo de vida, por tanto se trata de vivir como Él vivió.

En pocos instantes aquí, todos nosotros vamos a renovar nuestras promesas bautismales, vamos a renovar nuestro compromiso con Dios y lo aremos juntos, como comunidad, como Iglesia.

Hoy recibiremos en nuestra comunidad a Violet y ella por medio de este Santo Sacramento se transformará en un miembro más del cuerpo de Cristo, fiesta muy especial e importante para toda la Iglesia.

Violet, recibirá el Bautismo y así se convertirá, como lo somos nosotros, en testigos de un Dios que ama la vida y que ha resucitado a su hijo Jesús para que todos tengamos Vida en abundancia, para vivamos para siempre, para que todos tengamos vida eterna y así poder gritar con fuerza.

No he de morir! viviré para contar las hazañas del Señor, viviré para proclamar las grandezas del Señor, para contar las maravillas del Señor.

Así lo dijo el salmista hace ya muchísimos siglos, también hoy nosotros lo repetimos. No he de morir porque así como nuestro Padre Dios resucitó a su hijo Jesús a mí también me resucitará para proclamar las grandezas que ha hecho, hace y hará por mí.

Demos testimonio de nuestra experiencia de fe en Jesucristo resucitado. Así lo hizo Magdalena, lo hizo Pedro y Juan, así lo hicieron los primeros discípulos y así lo han hecho millones de hombre y mujeres a lo largo de la historia de la humanidad.

Ellos: vieron, creyeron y testimoniaron que Cristo vive. Demostremos con nuestra vida de todos los días que también nosotros hemos sido testimonios de la resurrección de Cristo.

Por el Bautismo hemos quedado injertados en la muerte y resurrección de Cristo. La fuerza y gracia de este maravilloso acontecer en la existencia de los cristianos puede y debe traducirse de múltiples maneras en la vida cotidiana.

Resucitar es tarea y meta de cada día. Nuestra peregrinación por el mundo es conquistar en cada momento el estado de "resucitados" cumpliendo en todo momento la voluntad de Dios.

¡Feliz Pascua de Resurrección! Estamos ya en el esplendor del gran Día de la Resurrección de Cristo. ¡Cristo ha resucitado, Aleluya Aleluya.

A pesar de la situación de pecado y muerte que existen en el mundo, hoy la Iglesia unida a su Señor proclama dichosa el gran misterio del regresó de Jesús a la vida, pero ahora a una vida indestructible a una vida absolutamente gozosa. Dejémonos inundar por la gracia de este hecho que nos llena de esperanza.

La Resurrección de Jesús es la celebración cumbre y central de todo el Año Litúrgico que se renueva cada domingo. Es la verdad central, es la raíz y fundamento de nuestra fe. Es el momento más sublime de la vida de Jesucristo y del plan de Dios Padre para salvar a los hombres y mujeres muertos por el pecado.

Celebremos la Pascua con levadura nueva. Hemos recibido la semilla y el comienzo de una vida totalmente nueva para todos los que creemos en Él, incorporados a la Iglesia que vive de esta luz vivificante de su Resurrección. Cristo resucitó de entre los muertos y es el primero de todos los que por la fe habremos de resucitar con Él.

EL RENACER DE LA ESPERANZA

Creer en el resucitado significa morir cada día al mal y al pecado. Creer en el resucitado es morir a la vida de mediocridad, es morir a todas las cosas que nos alejan del amor de Dios.

Creer en Cristo resucitado es resucitar con El cada día, cada hora, cada minuto de nuestra existencia a una vida nueva, a una viada de luz, a una vida de plenitud, donde el día no tiene ocaso. Amén!

CAPITULO CUARTO

MEDITACIONES DOMINICALES CORRESPONDIENTES AL
TIEMPO PASCUAL

IGLESIA SAN PABLO DENTRO DE LOS MUROS DE ROMA

AÑO LITURGICO C

C II PASCUA

De nuevo hoy, "a los ocho días", nos volvemos a reunir como comunidad cristiana para celebrar la presencia de Jesús resucitado entre nosotros. El Señor Resucitado atraviesa nuestros miedos y nuestras puertas cerradas para traernos su paz y su alegría.

De nuevo es Domingo, el Día del Señor, el día especial en el que los cristianos nos reunimos porque es el día de la resurrección. Y este día Jesús se hace presente de manera especial en la Eucaristía que celebramos juntos. Y nos vuelve a regalar su Espíritu Santo, un Espíritu que nos hace hermanos y hermanas en Cristo, que nos hace comunidad, Iglesia, que nos propone relacionarnos entre nosotros desde otras claves de lectura, desde otros puntos de vista.

En la "paz este con vosotros" se pone en juego toda nuestra existencia. Jesús produce una auténtica transformación en aquel grupo de discípulos, encerrados por miedo a acabar como su maestro, pero que se dan cuenta de que sigue vivo. Y les da el don del Espíritu Santo para que entiendan todo lo que les ha enseñado y explicando durante tres años. Y también les encomienda la tarea de reconciliar a toda la humanidad con Dios, que es Padre de todos.

Ahora hay mucho que hacer, hay que decir a todos que Jesús ha resucitado, que está vivo, que es el verdadero Mesías. Los discípulos salen a evangelizar enviados por Jesús y con la fuerza del Espíritu Santo.

Los discípulos se vuelven a reunir al domingo siguiente. Desde ese momento, el domingo siempre será día de reunión de los cristianos, en torno al resucitado. Esta vez sí que está Tomas, al que Jesús se dirige de manera especial, para que no sea incrédulo, sino creyente.

Tomás hace una confesión de fe única en todo el Evangelio: "¡Señor mío y Dios mío!". A partir de ese momento no volverá a dudar, sino que reconocerá en Jesús al mismo Dios.

Los apóstoles daban testimonio de la resurrección del Señor con mucho valor. Daban testimonio de la resurrección del Señor no sólo con sus palabras, sino con su forma de vivir.

Esto es lo que se nos dice en el libro de los Hechos de los Apóstoles: "en el grupo de los creyentes todos pensaban y sentían lo mismo". Esta es la comunidad cristiana ideal, a la que todos los cristianos debemos aspirar: amarnos no sólo con palabras, sino con hechos.

La forma que tenían las primeras comunidades cristianas de dar testimonio de la resurrección de Jesucristo era, según se nos dice en esta lectura, amarse unos a otros, de pensamiento y de obra. Así es como debemos también nosotros dar hoy testimonio de la resurrección del Señor.

Cada domingo, el Señor Resucitado quiere entrar en nuestro corazón, cerrado por el miedo, por el egoísmo, para traernos su paz y su alegría. Cada domingo, el Espíritu Santo nos convoca para reunirnos como comunidad cristiana, como comunidad de hermanos y hermanas, y poner en común lo que somos y lo que tenemos.

Cada domingo, la Iglesia, la comunidad reunida, es el signo de la presencia del Resucitado en medio de nosotros. Que esta Buena Noticia que celebramos cada domingo no nos la guardemos para nosotros, sino que, como decía el evangelista San Juan, "todo esto se ha escrito para que creáis que Jesús es el Mesías, el Hijo de Dios, y para que, creyendo, tengáis vida en su nombre".

Los discípulos se llenaron de alegría al ver al Señor. Ellos necesitaron ver para creer en la resurrección de Jesús.

Los discípulos de Emaús creyeron cuando lo reconocieron al partir el pan. Juan "vio y creyó" cuando bajó al sepulcro y vio que estaba allí el sudario y las vendas, "pues hasta entonces no habían comprendido que, según las Escrituras Jesús debía resucitar de entre los muertos".

Pablo creyó cuando vio a Jesús en el camino de Damasco; los discípulos creyeron y se llenaron de alegría aquel primer día de la semana, cuando estaban en una casa con las puertas cerradas por miedo a los judíos y le vieron aparecer de pronto.

Tomás no creyó entonces, porque él no estaba allí en aquel momento y no pudo verlo, pero creyó cuando, a los ocho días, vio las manos de Jesús Resucitado.

Para nosotros, ver a Jesús con los ojos de la fe, es sentir viva la presencia de Jesús en nuestra alma y así convertirnos en bienaventurados "Dichosos los que crean sin haber visto". Jesús aquí proclama la bienaventuranza del resucitado: La fe es un don que nace de la confianza en "Alguien" que no puede fallarnos.

No hace falta verle físicamente para creer en El. La misión que Jesús nos encomienda es ser "apóstoles", es decir sentirnos "enviados" a proclamar que "hemos visto al Señor".

Queridos en Cristo Resucitado, en este tiempo pascual dirijámonos a Jesucristo glorificado y pidámosle que aumente nuestra fe, para así poder responder a las interrogantes de nuestro tiempo.

Que también nosotros seamos capaces de hacer nuestra propia profesión de fe, así como San Tomás lo izo, que también nosotros seamos capaces de proclamar con fuerza y coraje: "¡Señor mío y Dios mío!" aquí y ahora. Amén!

C III DOMINGO DE PASCUA

En la visión apocalíptica de Juan, nos viene descrito a quien tiene que ir toda nuestra alabanza, honor y gloria por los siglos de los siglos. Al que está sentado en el trono y al Cordero. Juan con su visión, quiere dar la certeza a los hombres y mujeres de todos los tiempos, que a pesar de toda persecución, maldad e injusticia, el único que triunfará y reinará para siempre será el Cordero degollado.

Estas palabras también para nosotros son muy actuales, en medio de tanta injusticia, desamor y maldad, la palabra de Dios nos invita a no perder la esperanza, porque el Cordero, Cristo Jesús, triunfará sobre todos sus enemigos. Cristo murió, pero resucitó y está sentado a la derecha de Dios Padre. Desde el cielo Cristo nos va a ayudar siempre a vencer todo tipo de dificultad.

EL RENACER DE LA ESPERANZA

Pero si, tenemos que ser coherentes y valientes. Hemos de hacer realidad en nuestra vida aquello que a los Apóstoles les causó la cárcel, pero que les dio la verdadera paz y felicidad que vienen de Dios: "Hay que obedecer a Dios antes que a los hombres". El Señor habla, sigue hablando y a cada uno en particular nos pide cosas concretas a través de las mil circunstancias de la vida ordinaria.

Hace dos domingo hemos celebrado la pascua de la resurrección de Nuestro Señor Jesucristo, cada uno de nosotros hemos sido testigos de su resurrección y lo podemos experimentar vivo y presente cada vez que participamos a la Santa Eucaristía, lo experimentamos vivo en cada persona, en cada hermano y hermana, especialmente en los más necesitados, lo experimentamos vivo en cada situación de la vida cotidiana. Porque Jesús está aquí y sigue actuando en nuestra vida, está presente entre las personas y sigue tocándonos el corazón y cambiando nuestras vidas, en la medida que le dejemos.

Para llenar nuestra vida del amor incondicional del resucitado, cada uno de nosotros ha de tener su propia experiencia de encuentro personal, como lo que le sucedió a Paulo en el camino de Damasco. Así, nuestra fe nos llevará a ser testimonios verdaderos y a luchar con todas nuestras fuerzas y sin miedo a nada, contra todo el mal de este mundo.

El seguimiento de Jesucristo merece la pena. El Señor pregunta a San Pedro tres veces seguidas si le ama, como si tuviera que reparar así por las tres negaciones. La vida de los Apóstoles y en especial la de San Pedro son muy edificantes.

San Pedro era un hombre muy seguro de sí mismo: Señor si es necesario moriremos contigo, le dice; yo negarte? jamás, aquí es donde Pedro saborea el método escolástico de nuestro Padre Dios.

Pedro amaba a su maestro con todo su corazón y como sufrió las negaciones y ahora que el Señor le pregunta tres veces si lo ama le recuerda las tres negaciones, pero nuestro Señor le renueva la confianza perdonándolo y le dice "apacienta mis corderos", "pastorea mis ovejas". Jesús pregunta insistentemente: "¿me amas?" y Simón en su tercera respuesta como diciendo "Vasta Señor por favor no me atormentes"; Pedro le responde: "Señor tú lo sabes todo, tú sabes que te amo".

Y nosotros somos iguales: ¡cuántas caídas! ¡Cuántas cosas de las que tenemos que arrepentirnos! ¡Cuántas faltas de amor a Dios y al prójimo! y como San Pedro, hoy también nosotros elevemos nuestros ojos al cielo y digámosle: "Señor, Tú lo sabes todo, tú sabes que te amo".

Hoy Jesús también nos ha preparado la mesa, nuestro alimento está listo. Jesús también hoy nos sienta a la mesa y nos pide "de lo que hemos pescado, de lo que tenemos", para que Él lo multiplique para el bien de toda la humanidad. Porque recordemos siempre, cuanto amor recibimos, tanto amor tenemos que dar.

Todo lo que hagamos en nombre de Dios y por amor al prójimo debe repercutir necesariamente en el bien de nuestro prójimo. A Jesús le llamamos el príncipe de la paz, el justo, el amor supremo; pero cuando nuestras acciones no buscan la paz, la justicia, el amor, no podemos decir que estamos actuando en nombre de Dios.

Hoy Jesús sigue muriendo en muchos hombres, mujeres y niños, de cuyas muertes son responsables los que detentan el poder. Personas que han hecho una opción por la cultura de la exclusión y de la muerte.

Contra este proyecto de maldad tenemos que construir el gran proyecto de amor, que a nadie le falte amor, afecto y comprensión, que todos tengan lo necesario para vivir. Jesús nos invita a su mesa para que en todas las mesas haya pan y sea Él el alimento espiritual para todos los hombres y mujeres de buena voluntad. Amén!

C IV DOMINGO DESPUÉS DE PASCUA (El buen Pastor)

Estamos en tiempo de Pascua de Resurrección y debemos creer firmemente que también nosotros resucitaremos si somos fieles a nuestro Maestro y Buen Pastor. Ser buenos hijos de Dios en estos tiempos es muy difícil, tenemos que hacerlo movidos por la esperanza en la Resurrección. Pero si queremos ser buenas ovejas del Buen Pastor debemos saber que nuestra patria definitiva es el cielo, porque allí está él y hasta allí queremos seguirle.

Ante el sufrimiento y el dolor sepamos que Dios siempre enjugará las lágrimas de nuestros ojos, si seguimos al Maestro, a nuestro Buen Pastor, hasta el final. Allí, en el cielo, ya no pasaremos hambre ni sed, sufrimiento, ni dolor, porque el primer mundo ya habrá pasado. Este es el principal mensaje que nos da el libro del Apocalipsis.

El pastor y las ovejas es una imagen clásica en la literatura bíblica. Muchos profetas se sirvieron de ella cuando quisieron hablar de las relaciones entre Dios y su Pueblo. Las ovejas representan a los seguidores de Jesús, el Buen Pastor, que da su vida por ellas, es decir tienen que estar en medio del pueblo, compartir sus sufrimientos y sus gozos. El auténtico pastor "conoce a sus ovejas" y les da vida.

"Mis ovejas escuchan mi voz y me siguen", dice Jesús. Lo primero que tenemos que hacer es escuchar la Palabra de Dios, para después hacerla vida en nosotros y seguir a Jesús. El seguimiento de Jesús comporta un comportamiento consecuente con el Evangelio. El seguimiento es la norma de moralidad para el cristiano.

En efecto, si hay ovejas buenas, esto es, cristianos buenos, hay también pastores buenos, pues de las buenas ovejas salen buenos pastores, los cuales están unidos a Cristo que es el Pastor por excelencia.

El buen pastor "Te mira con pasión", o puede ser también te mira con compasión. Toda vocación en la Iglesia tiene su origen en la mirada compasiva de Jesús; una mirada misericordiosa que, a su vez, transforma la mirada de quien la experimenta, hasta hacer de las dos una sola, de aquí que la mirada de Jesús genera una actividad misionera. Y es que, precisamente en este punto, en torno a la mirada de Jesús, comprendemos la relación entre "misión", "pasión" y "compasión"

Hoy la liturgia de la palabra nos ofrece una foto, una instantánea de los primeros cristianos. Una escena que se repetirá con frecuencia. Pablo y Bernabé son dos de los muchos que cruzaron tierras y mares para sembrar la semilla de Dios. Todo el mundo de entonces se iba iluminando con ese maravilloso ejemplo que nuestro Señor dejó, semillas que Cristo había sembrado en los corazones de sus seguidores en un rincón del lejano oriente.

EL RENACER DE LA ESPERANZA

Aquellos primeros misioneros entran en la sinagoga y toman asiento entre la multitud. La sinagoga era el lugar donde se reunían los judíos y los paganos prosélitos del judaísmo para oír la palabra de Dios. Después de leer el texto sagrado, alguno de los asistentes se levantaban para comentar lo que acababan de escuchar.

Pablo y Bernabé se levantarán muchas veces para hablar de Cristo. Partiendo de las Escrituras, ellos mostraron que Jesús de Nazaret es el Mesías, el Salvador del mundo. La gente buena y sencilla escucha y acepta el mensaje. La fe brotaba, la luz de Cristo llenaba de claridad y de esperanza la vida de los hombres y mujeres de Buena voluntad.

Hoy también van y vienen los apóstoles de Cristo, hoy también suena la voz de Dios, sembrando palabras llenas de luz, semillas portadoras de alegría y de paz. Sólo los corazones limpios, sólo las almas sencillas percibirán la fuerza y el resplandor de las palabras de Dios; sólo la gente de buena voluntad y humilde se despertarán al esplendor de la fe, a esa luz que ilumina nuestras mentes y nuestros corazones.

Juan recordaba con emoción cómo Jesús hablaba de su rebaño, su pequeña grey, por la que daría su vida derramando hasta la última gota de su sangre: "Mis ovejas escuchan mi voz y yo las conozco y ellas me siguen, y yo les doy la vida eterna." Juan había escuchado al Maestro como quien bebía sus palabras.

Ahora nos invita a nosotros a escuchar de la misma forma, a que hagamos vida de nuestra vida la enseñanza divina de Jesucristo. Sólo así alcanzaremos la vida que nunca termina, seremos copartícipes de la victoria grandiosa de Jesucristo sobre la muerte, nos remontaremos hasta las cimas de la más alta gloria que ningún hombre o mujer podrá alcanzar, allí donde habita el mismo Dios.

Jesús desea ser el Buen Pastor no sólo de los Sacerdotes, sino de todos los fieles cristianos. Porque es evidente que para que Jesús pueda ser realmente nuestro buen pastor, nosotros tenemos que desear ser ovejas suyas, es decir, escuchar su voz y seguirle. Porque Jesús quiere que le sigamos y escuchemos su voz como personas libres y conscientes. Pidamos, pues, al Buen Pastor que todos los cristianos sigamos caminando en pos de sus pasos y que él siga siendo nuestro camino, nuestra verdad y nuestra vida.

Tengamos presente que la liturgia de la palabra de este cuarto domingo de Pascua, está dirigida a todas las persona de buena voluntad que están llamadas a orientar, conducir, animar y hasta a corregir al pueblo de Dios.

Que el Señor Resucitado, en este tiempo pascual, nos haga volver nuestros ojos hacia el único y Buen Pastor que es Cristo. No nos quedemos mirando a la luna. Ella, en sí misma, no tiene la luz: le viene del sol. Fijémonos en Cristo que es luz del mundo y modelo de todo sacerdote, comunidad y gente de bien. Amén!

C V DOMINGO DESPUÉS DE PASCUA

Yo Juan, vi un cielo nuevo y una tierra nueva, porque el primer cielo y la primera tierra han pasado y el mar ya no existe, ésta es la morada de Dios con los hombres, El acampará entre ellos. Ellos serán su pueblo, y Dios estará con ellos y será su Dios. La esperanza en un cielo nuevo y en una tierra nueva es nuestra gran esperanza. Un lugar donde triunfe el bien y el mal ya no exista.

Todo esto es sin lugar a duda una esperanza utópica, porque no se da en ningún lugar conocido, pero debe ser para nosotros una esperanza real, vivificante y transformadora. No nos gusta este mundo en el que vivimos, pero creemos que existe un mundo mejor, al que Dios nos llevará no por nuestros propios méritos, sino por pura gracia.

Pero la esperanza no consiste en una simple creencia utópica, sino que debe ser para nosotros una esperanza que nos dé fuerza y ánimo para vivir caminando constantemente, por amor, hacia un mundo mejor. Precisamente, porque no nos gusta lo que ahora tenemos es por lo que luchamos por algo que aún no tenemos pero deseamos tener.

Precisamente esto es lo que hizo nuestro Maestro, Cristo, luchó hasta el final, hasta entregar su propia vida, por la conquista de un mundo mejor y más justo. Y lo hizo todo con amor y por amor a los hombres, tal como se lo había mandado su Padre. Por eso, Dios lo exaltó y lo glorificó sobre el ara de la cruz y desde entonces vive glorioso y resucitado para siempre a la derecha del Padre.

El libro de la Apocalipsis, nos dice: "Todo lo hago nuevo", con estas palabras nos da un mensaje de esperanza. Abatidos los enemigos, se instaura el nuevo reinado de Dios, la nueva humanidad en la que no hay pecado, ni se tropieza con dificultad alguna. Una nueva relación se instaura, se inaugura el nuevo noviazgo de Dios con el pueblo en el gozo y en la alegría.

Esta novia o nueva Jerusalén es la morada del Señor. En el Antiguo Testamento, la nube, símbolo de la presencia divina, baja sobre la morada. Aquí el simbolismo se hace realidad: la morada es el nuevo pueblo y Dios en persona está presente en medio de él para protegerle. El Dios creador es también la meta última de todo ser creado.

Las fuentes humanas de felicidad no sacian la sed; sólo la consumación, todavía oculta, podrá satisfacer el ansia humana de felicidad. San Agustín, así lo describió cuando escribe estas hermosas palabras que resumen toda su búsqueda de la verdad: "Nos hiciste, Señor, para ti, e inquieto está nuestro corazón hasta que descanse en ti".

Pablo y Bernabé, dos grandes misioneros de la Iglesia primitiva, dos enviados de Dios para que vayan sembrando por vez primera la semilla del evangelio. Ahora vuelven a los mismos lugares por donde pasaron antes, confirmando en la fe a los cristianos. No era fácil perseverar en la fe entonces, ni hoy tampoco lo es. Nunca puede ser fácil creer y vivir según las exigencias últimas de la fe. Los apóstoles se hacen eco de las palabras del Señor. Serán perseguidos, los calumniarán, tendrán que negarse a ustedes mismos, tendrán que cargar con la cruz de cada día y caminar cuesta arriba.

Cuando Judas abandonó el Cenáculo, comenzaba la hora de la Pasión, se iniciaba la noche más triste de la historia. Y, sin embargo, en ese preciso momento empezaba también la glorificación de Jesucristo.

Él mismo nos lo dice en el pasaje evangélico de hoy: Ahora es glorificado el Hijo del Hombre y Dios es glorificado en Él. Los sufrimientos que le hicieron sudar sangre y angustiarse hasta casi morir, eran el camino obligado para llegar al destino inefable de la gloria. Y no sólo para Jesús sino también para todos y para cada uno de nosotros. El Señor fue el guía, el primero que pasó por esa ruta, marcando a golpe de sus pisadas el sendero que nos ha de llevar a nuestro propio triunfo.

Tengamos en cuenta, además, que como en el caso de Cristo, el sufrimiento soportado por amor a Dios no sólo glorifica al justo que lo sufre, sino que también es motivo de gloria para el mismo Dios. En efecto, al ver cómo sufrió Jesús por amor al Padre, no podemos menos de pensar que el Padre es digno de una veneración y un amor sin límites.

Dios se nos presenta así tan grande que la vida misma es poco para entregarla en su servicio. Por otra parte, vemos que el Padre corresponde al Hijo con un amor semejante y lo eleva a la más alta gloria que imaginarse pueda. De la misma forma, el ser humano que por amor a Dios cumple con su deber de cada instante, se empeña en todo momento por agradar al Señor, ése recibirá también un día la gloria de los que triunfan, la corona de la vida que se promete a los que sean fieles hasta la muerte.

Cuando recordamos lo que dice Jesús a los suyos, bajo la luz de la Pascua, hay como un cierto énfasis y solemnidad cuando les dice: Les doy un mandamiento nuevo: que se amen unos a otros como yo los he amado. Son estas palabras el testamento espiritual de Jesucristo, la última recomendación que venía a resumir y a culminar todo cuanto les había dicho a lo largo de su vida pública.

Este mandato es, que nos amemos unos a otros y además, de la misma forma como Él nos amó, con la misma intensidad, con el mismo desinterés, con la misma constancia, con idéntica abnegación. A los discípulos, como a nosotros, debió parecerles excesivo lo que Jesús les pedía. Pero el Señor no aminora su exigencia.

Para que no les quede la menor duda, añade: La señal por la que conocerán que son discípulos míos, será que se amen unos a otros. Por eso si no queremos de verdad a los otros no somos discípulos de tal Maestro.

Tendremos quizá otras cualidades, pero de nada nos servirán si nos falta el amor y la comprensión para los demás. No lo olvidemos nunca, el amor es lo que mueve el mundo, el amor es el fundamento en la vida de un verdadero seguidor de Cristo. Amén!

Año C: VI DOMINGO DESPUÉS DE PASCUA

El que me ama guardará mi palabra y mi Padre lo amará y vendremos a él y haremos mansión en él. En el libro de los Hechos se nos dice que Pablo, cuando fue invitado por los atenienses a que hablara en el Areópago para explicarles lo que afirmaba sobre Cristo, llamándole Dios, les citó a un poeta estoico, Arato, que ya había afirmado tres siglos antes que en Dios vivimos, nos movemos y existimos.

Si vosotros mismos, como dice vuestro poeta, argumentaba san Pablo, dice que todos vivimos, nos movemos y existimos en Dios, no deberían escandalizarse de que yo les diga que el Cristo del que yo les hablo fue Dios.

Hasta ahí, parece que los atenienses escucharon con interés a Pablo, pero cuando le oyeron hablar de la resurrección de Cristo le abandonaron, considerándolo un charlatán y un loco.

Bien, nosotros, los cristianos, creemos en la resurrección de Cristo y creemos, como nos dice en el evangelio de hoy san Juan, que si amamos a Dios existimos en Dios, porque Dios viene al alma del que le ama y hace en él su mansión.

Si amamos a Dios somos personas habitadas por Dios, espiritualmente llenas de Dios. Lo importante es que nosotros amemos a Dios como verdad y vida de nuestra existencia, porque si lo hacemos así Dios no nos va a fallar nunca.

Mucha gente llena de espíritu, a lo largo de la historia del cristianismo han escrito hermosas cosas sobre Dios Amor, nos han enseñado de que Dios vive en toda persona a la que ama. Si amamos al Dios Amor, no podemos vivir de otra manera que amando, porque, de lo contrario, no amaríamos al verdadero Dios.

Dejémonos amar por Dios, abramos las puertas de nuestro corazón a Dios, y Dios vivirá en nosotros como amor. Esto, que es algo gratuito por parte de Dios, exigirá de nuestra parte un gran esfuerzo, si de verdad nos decidimos a vivir como linaje de Dios, como hijos amados de Dios. En esta vida no hay nada más difícil que amar a Dios y al prójimo de verdad, como Dios quiere que amemos.

El Señor no dice: La paz os dejo, mi paz os doy; no os la doy como la da el mundo. El que ama de verdad a Dios y al prójimo vive con el alma llena de paz interior, porque sabe que si Dios está en él y con él nada ni nadie lo podrá derribar espiritualmente.

La paz del mundo es una paz llena de sobresaltos físicos, sociales y políticos; la paz de Dios es vivir en Dios, con el alma siempre abierta al bien de los hermanos. Aprendamos a vivir nosotros hoy en paz, en la paz de Dios, aunque las circunstancias sociales y políticas nos inviten a vivir en continuo sobresalto. Los grandes santos fueron almas llenas de paz interior, de la paz de Dios.

El que vive bajo el Espíritu Santo, es capaz de vivir en paz con sigo mismo y con los demás, jamás se impone ni le viene impuestas cargas más pesadas de las que puede llevar por los caminos de la vida. Esto es lo que nos dice, en síntesis, hoy la primera lectura de los Hechos de los Apóstoles, cuando el problema de la circuncisión obligatoria estaba rompiendo la unidad de la primitiva Iglesia de Jesús. La respuesta de los Apóstoles fue clara: que ni la circuncisión, ni la ley de Moisés entera podrían salvarles; sólo el amor a Dios y al prójimo en Dios pueden salvar.

Porque el mandamiento nuevo de Jesús era esencialmente sólo eso: que nos amemos unos a otros como él nos ha amado. No seamos ahora nosotros tan literalmente legalistas, que olvidemos que el espíritu de la ley de Jesús es siempre sólo eso: el amor. La famosa frase de san Agustín, "ama y haz lo que quieras", bien entendida, quiere decir esto mismo.

El ángel me transportó en éxtasis a un monte altísimo y me enseñó la ciudad santa, Jerusalén, que bajaba del cielo, enviada por Dios, trayendo la gloria de Dios. La "nueva Jerusalén" de la que nos habla el Apocalipsis es la ciudad ideal, la ciudad en la que reinará Dios, el verdadero reino de Dios.

Hacia esa Jerusalén ideal, hacia ese reino de Dios, es adonde debemos aspirar a vivir los cristianos de hoy. Una ciudad y un reino que aún no están por desgracia en este mundo, pero al que los cristianos debemos caminar con nuestro comportamiento y con nuestros deseos, con nuestro amor.

Para llegar a ella, nuestra única ley, nuestro único santuario, es el Señor Dios todopoderoso y el Cordero. Sólo si Dios es el verdadero rey de nuestros corazones, si de verdad amamos a Dios, podremos decir también nosotros que vivimos, somos y existimos en Dios, porque Dios nos amará y vendrá a nosotros y hará en nuestro corazón su morada, como nos dice san Juan.

Recuperar la frescura del evangelio. La fe en Cristo resucitado nos da paz, alegría interior y confianza en su presencia permanente entre nosotros. Como nos dice San Agustín, "para comprender el misterio de Dios hay que purificar el corazón; de ningún otro lugar proceden las acciones sino de la raíz del corazón".

La fe cristiana nace del corazón, pero corre el peligro de transformarse en religión de ritos. Los judíos "religiosos" quieren imponer la circuncisión. La Iglesia está amenazada de quedarse en los medios, los ritos, y olvidarse de lo fundamental, la interioridad de la fe.

También nosotros corremos el riesgo de confundir las tradiciones con la verdad, de afirmar como eterno e inmutable lo que es fruto de una época, de hacer apología de nuestra fe con una filosofía ya superada, de imponer cargas y obligaciones que alejan de lo fundamental, de sostener que viene de Dios lo que viene del hombre.

Necesitamos vino nuevo en odres nuevos, recuperar la sintonía con la cultura y con el hombre de nuestro tiempo. En el llamado concilio de Jerusalén los primeros cristianos escucharon la voz del Espíritu Santo que Jesús les había prometido. El Espíritu nos ayudará a no quedarnos en lo superficial para llegar a identificarnos con el Padre que nos ama, viene a nuestra vida y hace morada en nosotros.

Nuestra vida es el mejor testimonio. Todo este capítulo 14 de Juan está envuelto en una atmósfera de despedida. Jesús anuncia, promete y revela una nueva presencia que, sin duda, supone una novedad significativa. Los frutos de la resurrección son la alegría, la paz y el testimonio de vida.

¿La alegría se nota en nuestra vida y en nuestras celebraciones? hay muchas comunidades que saben vivir el gozo de la experiencia pascual, que celebraron con entusiasmo la Vigilia Pascual sin mirar al reloj. Ahí se nota que hay algo más que un mero cumplimiento del precepto dominical.

¿Y la paz? La que Jesús nos regala es lo más grande del mundo, es la plenitud de todos los dones del Espíritu. Si la paz reina en nuestro corazón seremos capaces de transmitirla a los demás y de construirla a nuestro alrededor.

"La paz les dejo, mi paz les doy", la paz la ofrece Jesús como un don precioso. En la Biblia, la paz es uno de los grandes signos de la presencia de Dios y de la llegada del Reino, síntesis de todos los deseos de bienestar, de justicia, de abundancia y de fraternidad.

¿Cómo dar testimonio de nuestra fe en el mundo de hoy? No bastan las palabras, es nuestra propia vida el mejor testimonio. La diferencia entre alguien "que practica" y alguien "que vive" es que el primero lleva en su mano una antorcha para señalar el camino y el segundo es él mismo la antorcha. Se notará en tu cara, en tus comentarios, en tus gestos, en tu forma de ser si has experimentado la alegría del encuentro con el resucitado. Si eres feliz, transmitirás felicidad y quien te vea dirá: "merece la pena seguir a Jesús de Nazaret".

El "Gran Desconocido". El Espíritu es defensor, maestro, abogado, animador e iluminador de la fe de la Comunidad y de cada uno. El Espíritu nos enseña y recuerda todo lo dicho por Jesús. Ésta es la gran tarea que Jesús le encomienda. Es fácil deducir que el creyente no está solo, no es un huérfano.

Tengamos siempre presente que el Padre no es Alguien lejano y distante; más bien, somos santuario y morada de Dios mismo: "vendremos a él y haremos morada en él".

Esto lógicamente supone unas relaciones nuevas con Dios nuestro Padre; no es posible vivir como si todo fuera como antes; desde Jesús, todo ha cambiado. ¡Cuánto nos cuesta entender a los creyentes esta novedad! ¡Cuán lejos está nuestra espiritualidad de cada día de esta inusitada novedad que se propone y a la que se nos convida! ¡No nos enteramos! Pero es que, además, la muerte de Jesús ha sido ocasión para ser llenados por la presencia viva del Espíritu, que vive en nosotros, está en nosotros y nos enseña el arte de vivir en verdad.

El creyente vive animado por el Espíritu, que hace nacer en nosotros el gozo de la fe. Posiblemente, el Espíritu sea el "Gran Desconocido" en la espiritualidad cristiana, por eso cada uno de nosotros los aquí presentes estamos llamados a ser testimonios vivos del Espíritu Santo aquí en la tierra, siguiendo sus consejos y viviendo todos los días de nuestras vidas como verdaderos iluminados. Amén!

Año C: VII DOMINGO DESPUÉS DE PASCUA

La liturgia de la palabra en este último domingo antes de Pentecostés, es un mensaje de esperanza, un mensaje sublime lleno de buenos sentimientos apropiado para este tiempo muy especial que estamos viviendo.

El evangelio de hoy nos presenta la tercera y última parte de la Oración Sacerdotal, en la que Jesús mira hacia el futuro y manifiesta su gran deseo de unidad entre nosotros, sus discípulos y para la permanencia de todos en el amor que unifica, pues sin amor y sin unidad no merecemos credibilidad.

Jesús ora al Padre, no solo por sus discípulos sino también por aquellos que, por medio de su palabra, creerán, para que todos sean uno. Jesús ora por la unión que debe existir en las comunidades. Unidad no significa uniformidad, sino permanecer en el amor, a pesar de todas las tensiones y de todos los conflictos.

AÑO LITURGICO C

El amor que unifica al punto de crear entre todos una profunda unidad, como aquella que existe entre Jesús y el Padre. La unidad en el amor revelado en la Trinidad es el modelo para las comunidades. Por esto, a través del amor entre las personas, las comunidades revelan al mundo el mensaje más profundo de Jesús.

Jesús desea que todos estemos donde El está, por eso dice: Padre, los que tú me has dado, quiero que donde yo esté estén también conmigo, para que contemplen mi gloria, la que me has dado, porque me has amado antes de la creación del mundo.

La dicha de Jesús es que todos nosotros estemos con él. Quiere que sus discípulos tengan la misma experiencia que él tuvo del Padre. Quiere que conozcan al Padre como él lo conoció. En la Biblia, la palabra conocer no se reduce a un conocimiento teórico racional, sino que implica experimentar la presencia de Dios en la convivencia de amor con las personas en la comunidad.

Lo más precioso es que Jesús ora por mí y por ti, está rogándole a Dios por cada uno de nosotros y de nosotras. Pide algo muy particular: la unión de todos sus discípulos entre sí y con Dios de una manera análoga nada menos que a la forma de relacionarse de las Tres Personas Divinas.

Lo que caracteriza a la gloria de Jesús es su justicia, su misericordia, su amor y su fidelidad. Compartir esa "gloria" es algo que solamente se logra gracias al estar bajo el poder del Espíritu Santo. Por eso es tan apropiado este pasaje como manera de ir acercándonos al día de Pentecostés, que celebraremos el próximo domingo.

La gloria de Dios es que andemos en justicia a la manera de Jesús y que la vida de toda la hermosa creación de Dios florezca por la obra del Espíritu Santo. Es un regalo que Dios nos da por su Espíritu y a la vez es un compromiso que asumimos en fe.

Cuando nuestra comunión está marcada por este tipo de "gloria" el mundo se da cuenta y toma nota de ello. Facilita la fe de los demás y los "evangeliza" en el sentido más profundo de la expresión: el mensaje de Jesús se torna una buena noticia de Dios. En cambio, cuando nos vivimos peleando y no somos coherentes con el camino de Jesús, se hace muy difícil que el mundo pueda creer que la fe que profesamos tenga que ver con la vida abundante.

Más bien, nos volvemos una "mala noticia" para el mundo. El hecho es que a veces nos daría vergüenza invitar a alguien a nuestras iglesias porque sabemos que no le damos la bienvenida de corazón a la gente "de afuera" y que nuestras actitudes colectivas no transmiten en absoluto la forma de ser de Jesús. En lo teórico hablamos del evangelio como buena noticia, pero en lo práctico no se nota en nuestras vidas.

Lo que nos ofrece Jesús en este pasaje es un criterio concreto y práctico a la hora de evaluar nuestra conducta. Nuestra forma de ser, ¿refleja la vida trinitaria de Dios? La "gloria" que nos da Jesús es una forma de vivir que se compromete en todas sus dimensiones ya sean públicas o privadas, individuales o colectivas con el camino de Jesús.

Jesús promete algo más, que es un gran consuelo dadas nuestras incoherencias e imperfecciones: que seguirá dando a conocer el nombre de Dios y el carácter de Dios. En otras palabras, Jesús se compromete a persistir e insistir; no se da por vencido, sino que por su Espíritu sigue revelándonos el carácter del amor de Dios.

A pesar de nuestros fracasos y del hecho de que muchas veces el mundo detecta poco y nada de la forma de ser de Dios en nuestras vidas, Jesús quiere que estemos con él y demos testimonio al mundo. Desea que conozcamos a Dios de manera profunda y vivificante. Su invitación a participar de la unidad y de la vida misma de Dios sigue abierta, cada domingo nos reúne en su nombre y nos da su alimento espiritual, para que tengamos la fuerza necesaria para continuar en nuestro peregrinaje hacia la patria celestial. Amén!

Año C: DOMINGO DE PENTECOSTES

"Exhaló su aliento sobre ellos y les dijo: reciban el Espíritu Santo".
Para un cristiano, todos los días deben de ser Pentecostés. Sí, porque el Espíritu de Jesús es el que nos hace ser cristianos, el Espíritu de Jesús debe ser la vida de nuestra vida espiritual.
Como acabamos de leer el Espíritu es Luz que penetra en nuestras almas, es Huésped divino dentro de nuestro corazón; es fuente de Vida y del mayor consuelo, es tregua, es brisa, es gozo que enjuga nuestras lágrimas y nos reconforta en los duelos. Todos los días debemos abrir nuestro corazón al Espíritu, debemos pedirle que no nos falte nunca su aliento divino, porque, de lo contrario, nuestra vida será una vida espiritualmente vacía y estéril.

El Espíritu es para nuestra alma como el sol y el agua para la tierra; si nos falta el Espíritu somos sólo cuerpo, vida mundana, egoísmo, consumismo y materialismo. Sin Espíritu, la sociedad y cada uno de nosotros en particular, nos convertimos en puro mercado y la vida humana pasa a ser una competición egoísta, una guerra de todos contra todos, en la que siempre ganan o los más fuertes, o los más listos, los, en lenguaje criollo: "los sabidos".

Una sociedad que no esté movida por el Espíritu Santo será siempre una sociedad desigual y radicalmente injusta, en la que no tendrán lugar: los más débiles, los enfermos, los más pobres y los menos afortunados.

Una sociedad que no esté movida por el Espíritu Santo será siempre una sociedad antievangélica y anticristiana. Los discípulos de Jesús debemos levantarnos cada día invocando al Espíritu, al Espíritu del Resucitado y abriéndole las puertas y las ventanas de nuestra alma para que nos llene de su luz y de su fuerza.

Para que podamos así vivir siempre en un eterno Pentecostés. ¡Ven Espíritu Santo, llena nuestros corazones, enciende en nuestras almas el fuego de tu amor y renueva la faz de la tierra!

La palabra nos dice: "Se llenaron todos de Espíritu Santo y empezaron a hablar cada uno en la lengua que el Espíritu les sugería". La lengua, el idioma del Espíritu es siempre la bondad, la justicia misericordiosa, la verdad, el amor.

Es un lenguaje fácilmente inteligible para todos los que nos ven y nos escuchan. No hace falta estudiar idiomas, ni hacer carreras, para hablar la lengua del Espíritu. Hace falta estar llenos de Espíritu Santo.

El es una gracia, un don que se ofrece siempre a todo el que lo pide con humildad y amor. Pero, como nadie da lo que no tiene; si no estamos habitados por el Espíritu no podemos hablar la lengua del Espíritu. En nuestra sociedad faltan personas llenas del Espíritu Santo.

En nuestra sociedad existen muchos charlatanes, vendedores de palabras sin Espíritu. Hablando en general, se puede afirmar que en la calle, en los medios de comunicación, en el lenguaje al interno de las familias, en la política y en el comercio, se oyen siempre palabras sin significado, carentes de mensaje, discursos de simples tratantes, mercaderes o vendedores de humo.

Pero, existen gracias a Dios, personas distintas, lenguas distintas, pero son minoría. Espiritualmente hablando, no vivimos en el mejor de los mundos posibles.

Recordemos siempre que: Hay diversidad de dones, pero un mismo Espíritu. Lo importante es que cada uno de nosotros, desde nuestra realidad personal, pongamos Espíritu en todo lo que pensamos, hacemos y decimos.

No siempre nos va a resultar fácil, pero es necesario que lo intentemos cada día. Jesús de Nazaret vivió siempre habitado plenamente por el Espíritu Santo y este mismo Espíritu es el que quiere llenar ahora nuestro pobre y muy limitado corazón. Dejémonos llenar por el Espíritu del Resucitado y pongamos todo lo que somos y tenemos al servicio del Espíritu, para que, en cada uno de nosotros, el Espíritu de Jesús se manifieste para el bien común. Si estamos llenos del Espíritu de Jesús seremos personas fuertes, en medio de nuestra debilidad, y repartiremos paz, amor y perdón en un mundo lleno de egoísmos y de amenazas paralizantes.

Que en este día de Pentecostés, y siempre, el Espíritu exhale su aliento sobre cada uno de nosotros y nos diga: ¡RECIBID EL ESPÍRITU SANTO!

Con el Espíritu Santo, nos llenamos de la piedad de Dios. No podemos vivir huérfanos, aislados de su presencia. Sin este auxilio del Espíritu Santo nos faltaría identidad en nuestras acciones, luz en nuestros caminos y claridad en nuestro apostolado.

Sólo con el Espíritu Santo podemos ser fuertes, puede ser fuerte nuestra comunidad, nuestra Iglesia y nuestra sociedad. Ojalá que Pentecostés, además de vida e ilusión, nos aporte una gran dosis de fortaleza: para seguir adelante en el duro combate de nuestra fe. Para que no caigamos en el pesimismo o en la sensación de que, creer, ya no merece la pena o que, si creemos, hay que hacerlo en el ámbito privado y lejos del testimonio público.

También, la promesa de la renovación de la faz de la tierra es importante. En estos tiempos en los que la mayoría del género humano ha aprendido a ser ecologista, sí que se le podía pedir al Espíritu que renovara la faz del planeta para terminar con toda contaminación y agresión.

Contaminar es sucio, lo contrario a puro y agredir es violencia, lo opuesto al sentido amoroso de la paz que nos comunica el mensaje de Cristo. El Día de Pentecostés es la jornada de la renovación, de la mejora, del entendimiento, es el día de la lucha contra toda mediocridad y sobre todo el día de Pentecostés tiene que ser un día en el que demos un paso más en la calidad de nuestra relación con Dios. Amén!

CAPITULO QUINTO

MEDITACIONES DOMINICALES CORRESPONDIENTES AL TIEMPO
Después de Pentecostés

AÑO LITURGICO C

IGLESIA SAN PABLO DENTRO DE LOS MUROS DE ROMA

AÑO LITURGICO C

Año C: DOMINGO DE LA SANTISIMA TRINIDAD

"Cuando venga Él, el Espíritu de la Verdad, os guiará hasta la verdad plena". Esta es la frase que acabamos de leer en este relato del Santo Evangelio de San Juan. Pues bien, tenemos que empezar diciendo que la verdad plena del misterio de la Santísima Trinidad no podremos nunca alcanzarla, mientras vivamos en este mundo, porque la verdad plena del misterio de la Trinidad está más allá de nuestra capacidad humana de entender. Los misterios no se pueden explicar nunca del todo racionalmente; los misterios se creen, no se explican. La Real Academia Española define la palabra misterio diciendo que significan una cosa arcana o muy recóndita que no se pueden explicar o comprender.

¿Qué nos dice, en concreto, a los creyentes, el misterio de la Trinidad de Dios? Porque algo, de hecho, entendemos cuando hablamos de este misterio. Las palabras con las que hablamos de los misterios no pueden ser palabras vacías de significado. Los misterios, aunque sean racionalmente inexplicables, siempre nos dicen algo a los que creemos en ellos. Yo creo que el principal mensaje que nos dice a los cristianos este misterio es que el Dios en el que nosotros creemos es un Dios familia, un Dios comunidad, un Dios amor.

Nuestro Dios no es un individuo aislado e incomunicado, como una isla remota e inaccesible. Es un Dios para todos, es decir, universal. La fe nos dice que Dios es nuestro Padre, que el Hijo es nuestro redentor y que el Espíritu Santo es el amor que une al Padre con el Hijo. Por consiguiente, si nosotros queremos entender algo de este misterio, sólo podremos hacerlo entendiendo a Dios como amor y si nosotros queremos entender de una manera viva este misterio, sólo podremos hacerlo moviéndonos en el amor de Dios.

Todos nosotros somos criaturas de Dios, hijos de Dios y podemos ser, vivir y existir en Dios, si amamos a Dios. Un cristiano no puede ser una persona egoísta, que sólo piensa en sí mismo, porque entonces no está creyendo en un Dios Trinitario. El individuo y la familia cristiana, debe tener como ideal vivir creyendo y amando a un Dios que es, en sí mismo, una familia.

Id y haced discípulos de todos los pueblos, bautizándolos en el nombre del Padre y del Hijo y del Espíritu Santo. Este es el principal mensaje que dejó Cristo a sus apóstoles, antes de ascender al cielo. Bautizar a una persona con un bautismo cristiano es bautizarla en un Dios amor, en un Dios que es familia, que es comunidad.

Este bautismo, Esta fe, hemos recibido el día que fuimos bautizados; renovemos en este día este importantísimo sacramento. Fuimos bautizados en un Dios trinitario, en un Dios amor; pues hagamos hoy el propósito de vivir en el amor.

Sólo así podremos celebrar con responsabilidad cristiana esta fiesta del misterio de la Santísima Trinidad.

Desde la eternidad, Dios ya piensa en nosotros y nos ama. La creación es la obra amorosa de Dios. Contemplándola surge en nosotros la admiración y la acción de gracias del Salmo 8: "¡Señor, dueño nuestro, qué admirable es tu nombre en toda la tierra!". El ser humano es la criatura más perfecta realizada por el Creador, pero a su vez es pequeña ante la inmensidad de la creación. El Libro de los Proverbios nos muestra que Dios no es un ser solitario, ni aburrido, ni egoísta. Dios es una comunicación infinita, una sonrisa eterna, una generosidad sin medida.

La creación es un signo de su generosidad y de su sabiduría. Dios es vida que se desborda. Ya antes de ser creados, Él se complacía en nosotros y en todas las cosas, como los esposos que sueñan con el hijo deseado. Los sabios bíblicos nos cantan las excelencias de la sabiduría como una hija de Dios personificada. Es la primera en ser engendrada y acompaña a Dios en todas sus obras. "Yo estaba junto a él, como aprendiz y yo era su encanto cotidiano" nos dice el libro de los proverbios. Este autor acertó en sus imágenes literarias.

La Sabiduría de Dios llega a ser persona en el Hijo, engendrado desde el principio, que dialoga gozoso con el Padre y es colaborador en todas sus obras. Dios no es un ser solitario ni aburrido. La creación es el desbordamiento de esta comunicación. Desde la eternidad, Dios ya piensa en nosotros y nos ama.

Por eso San Pablo nos dice que nada ni nadie podrá separarnos del amor de Dios "EL amor de Dios ha sido derramado en nuestros corazones con el Espíritu Santo que se nos ha dado". La Carta a los Romanos, nos habla del amor especial que Dios nos tiene y del que nadie podrá separarnos. A la hora de esforzarse por llevar a cabo el plan de Dios, el cristiano y la cristiana tiene una linda motivación; Dios no se ha guardado su capacidad de amar, sino que nos la ha dado a nosotros.

El estar en paz con Dios no quiere decir tanto buscar la paz, sino el caer en cuenta de que ya se nos ha dado la paz en Jesucristo. La paz se convierte así en el mayor bien y no en una simple dimensión del alma, en una mera virtud. Estar en paz con Dios es saberse salvado y con fuerza para emprender una labor constructiva en favor de la humanidad.

Entonces le veremos cara a cara. Se nos comunicará un día lo que está por venir. El texto del evangelio de Juan identifica a Jesús con la verdad. Esta no es pues un concepto o una categoría, sino una persona. El conocimiento de una persona no se hace ni se agota una vez por todas: se va haciendo continuamente, diariamente. Facilitar este conocimiento es la tarea y la función del Espíritu; es Él, el que irá llevando a todos los cristianos a un conocimiento cada vez más hondo de Jesús.

Este conocimiento progresivo explica la expresión "muchas cosas me quedan por deciros". Hay mucho terreno inexplorado en la verdad de Jesús, es decir, en su persona, que sólo puede ser conocido a medida que la experiencia coloca a la comunidad delante de nuevos hechos o circunstancias. Los cristianos deberán saber estar abiertos, por una parte, a la vida y a la historia, los signos de los tiempos y por otra, a la voz del Espíritu que se la interpreta.

Uno de los retos más importantes como creyentes es lograr que toda nuestra espiritualidad lleve la impronta de la Trinidad y que en nuestra manera de orar y de celebrar, nos dirijamos a Dios que es unidad y comunión:

En nuestro orar y celebrar, descubramos a este Dios que es, simultáneamente, Padre y Madre, que nos crea, que nos comunica su vida divina y que nos adopta como hijos.

Sintámonos muy cerca de su Hijo amado, que nos redime; Jesús es Dios que asume nuestra condición humana; Él es nuestra inspiración y nuestro modelo.

El Espíritu Santo es Dios guiándonos en la fe, confortándonos, motivándonos e iluminándonos en la búsqueda continua de la voluntad de Dios.

Al concluir esta meditación en la fiesta de la Santísima Trinidad, acerquémonos confiadamente a Dios que, a través de Jesucristo, se nos manifiesta como unidad y como comunión; y ya que hemos sido creados a imagen de Dios, asumamos la tarea de hacer presente en la sociedad la unidad y la comunión; que el Dios Trinitario sea nuestra inspiración en nuestro diario caminar para poder así elevar nuestros ojos a Dios y poderlo llamar ¡AVA PADRE! Amén!

EL RENACER DE LA ESPERANZA

Año C: P7 II DOMINGO DESPUÉS DE PENTECOSTES

¿Cuántas veces en momentos de desolación y desesperanza no hemos clamado el nombre de Dios pidiendo su misericordia? ¿Cuántos de nosotros cegados por la ira hemos hecho cosas de las cuales nos arrepentimos luego? Nos sentimos entonces como el hombre de Gerasa, como si muchos demonios nos hubieran poseído. Y, como al personaje del evangelio, el único que puede salvarnos es Dios mismo; sin embargo, no sabemos cómo pedírselo ni cómo reconocerle en esos momentos.

La misericordia de Jesús por este hombre es tan grande que nos lleva a pensar en las palabras de Pablo a los Gálatas: "porque en Cristo Jesús todos son herederos de Dios a través de la fe". Nuestro Señor sabe que este hombre será testimonio de fe, su dignidad ha sido restituida y, lo más importante, su fe fortalecida.

Cuando el endemoniado vio a Jesús, dio un grito y se arrojó a sus pies. Exclamó con fuerza retumbante: "¿Por qué te entrometes, Jesús, Hijo del Dios Altísimo? ¡Te ruego que no me atormentes!" ¡Qué desesperación la de este hombre y cuánta compasión se derramó de nuestro Señor! La descripción que hace Lucas es verdaderamente aterradora y sobrecogedora. Este hombre atormentado se abalanza sobre Jesús, cae de rodillas a sus pies y en una especie de reproche suplicante confronta a Jesús: "¿Qué tengo yo que ver contigo? ¿Por qué te entrometes?"

El Santo Evangelio de Lucas nos presenta a Jesús como ungido y lleno del Espíritu Santo, así como con poder y autoridad para sanar y echar fuera demonios. Esta autoridad se hace evidente cuando, ante la pregunta del demonio, Jesús inmediatamente le ordena a que salga del hombre. La autoridad de Jesús es tal que los demonios saben que tienen que salir del hombre. No pueden cuestionar su autoridad. Pero le piden no los envíe al abismo, conocido como el lugar donde eran encarcelados los espíritus malignos.

La liberación milagrosa de este poseído, nos conduce a reconocer la autoridad de Jesús, no sólo en este mundo sino, más allá. Es tal el poder de Jesús, que son los mismos demonios los que reconocen su divinidad. Este es un momento muy importante en la vida de Jesús, su autoridad es contundente; tanto, que ante él la maldad se aleja.

Vemos en este pasaje que Jesús es soberano y tiene autoridad sobre fuerzas que son hostiles a Dios. Las personas de los tiempos de Jesús confrontaban los mismos males que nosotros y nosotras confrontamos: la muerte, lo demoníaco, las enfermedades y muchas otras cosas. Pero Jesús tiene el poder sobre todo esto. Jesús puede hacer cambios dramáticos en nuestras vidas.

Aunque no necesitemos que se nos libere de posesión demoníaca, podemos aplicar el principio de que Dios nos libera y puede liberarnos para que a su vez nosotros y nosotras podamos servir a Dios y dar testimonio de sus obras. Todo lo que Dios ha hecho por nosotros y nosotras debe servir como motivación para acercarnos más a Dios, sentarnos a sus pies y seguirle.

Seguirle y ser capaces de dar testimonio de nuestra fe con lo han hecho muchos hermanos y hermanas en la fe antes de nosotros. Este acto de fe nos hace pensar en los cristianos que han arriesgado sus vidas en situaciones donde hay gran necesidad, peligro o hambre. Por ejemplo: Teresa de Calcuta sirviendo a una comunidad de leprosos en India, Dietrich Bonhoeffer oponiéndose a la dictadura Nazi, Martin Luther King, luchando por los derechos civiles de las minorías, el Obispo Óscar Romero denunciando las injusticias de dictadura en el Salvador y tantos otros cuyos nombres desconocemos y que han arriesgado sus vidas para ayudar a otros en nombre de Jesús. Y, nosotros ¿qué arriesgamos para seguir a Jesús?

Y a pesar de nuestra indiferencia, el Señor no nos abandona. Él se acerca y nos mira con misericordia, nos extiende su gracia sin límites como hizo con el hombre poseído. Esa gracia descubre nuestra nueva identidad y nos ayuda a levantar la cabeza con dignidad, aun cuando nos veamos amenazados por el escrutinio de otros.

El hombre poseído tuvo que vivir en conformidad con sus demonios y se acomodó con esa realidad; era invisible hasta que Jesús lo volvió visible. Él fue vestido en sanidad porque Jesús así lo quiso, para que así se hablara de su grandeza en tierra de gentiles. En esta historia encontramos cómo al rendirnos ante el poder del amor restaurador de Jesús, nuestras cadenas se rompen dando paso a una sanación completa: física, emocional, mental, social y espiritual.

Una vida transformada, es una vida que, en medio del caos moral y espiritual, ha sido confrontada y tocada por el poder sanador de Dios y una vida que ha sido transformada por el poder del amor, no volverá a ser igual, no puede ser igual jamás. Una vida transformada por el Espíritu de Dios encontrará el valor para dar y ser testimonio del infinito amor de Dios. Amén!

Año C: P8 III DOMINGO DESPUÉS DE PENTECOSTÉS

Es hermoso ver como el tema de la vocación a seguir el Señor se da también en el Antiguo Testamento, con llamados bien precisos a transformarse en verdaderos profetas, la cual difícil misión es la de transformarse en mensajeros de Dios. Todos y cada uno de nosotros por nuestro bautismo recibido, también estamos llamados a transformarnos en profetas y como sabemos un profeta es quien anuncia y denuncia.
Sabemos y muy conscientes somos de lo difícil que implica ser verdaderos cristianos, esto implica y exige radicalidad, empreño y mucho sacrificio, por eso en la vocación del cristiano como dice la Escritura: "el que echa mano al arado y sigue mirando atrás no vale para el Reino de Dios".
En el ser conscientes de esta realidad, en ningún momento tenemos que caer en la desesperación en la que

cayeron los gálatas, que han vuelto a encerrarse en preocupaciones religiosas estériles pues lo que cada uno quiere únicamente es evitar los reproches de Dios y eso tiene mucho de egoísmo. La vida cristiana, sin embargo, no es así. El que tiene el Espíritu de Cristo no se preocupa por no pecar, sino por amar.

Lo que a Dios le importa es que salgamos de nuestros pequeños problemas para que nos anime su Espíritu. Es lo que dice ahora Pablo. El creyente realmente libre es el que se considera "esclavo" de Cristo. Esa es la manera de "tener fe" en la vida diaria: solucionar todo pensando que soy de Cristo y estoy al servicio de mis hermanos. De ahí nacen alegría y paz. Espíritu y carne no son dos partes del ser humano, sino sólo dos orientaciones divergentes de toda persona.

Recordemos siempre que Cristo nuestro Señor, "para ser libres nos ha liberado". Con esta afirmación radical, con que Pablo se dirige a la comunidad de los gálatas, acerquémonos a la Palabra de Dios, la cual exige desde la experiencia del discipulado total "libertad" para seguirle a aquel que permanentemente nos llama, pues "hemos sido llamados a la libertad" para "hacernos servidores los unos de los otros", animados por el Espíritu que desata en nuestra vida el fruto del amor que se concretiza por medio de acciones espirituales que afectan nuestra historia fecundándola de amor.

En el evangelio de Lucas, en el contexto del discipulado y la libertad que implica, Jesús inicia su camino hacia Jerusalén donde concluirá su misión con su ascensión al cielo. El evangelio invita a la toma de decisión; para Jesús es el tiempo del "cumplimiento" según el proyecto mesiánico fijado por el Padre. Nada ni nadie lo podrá detener. Para el discípulo es el momento de evaluar si se tienen las condiciones para serlo, mirando las implicaciones de la opción y decidiendo libre y conscientemente su seguimiento, el cual implica asumir el destino de Jesús, que es la cruz.

Jesús en camino hacia Jerusalén se encarga de formar a sus discípulos para la misión que tendrán que afrontar después de su muerte y resurrección. Para ello establece criterios de discernimiento en el discipulado profundizando en lo que significa renunciar a sí mismo, tomar la cruz cada día y seguirlo.

Cada uno de los "candidatos" a ser discípulo revela una actitud frente al llamado que nos cuestiona a cada uno de nosotros, quienes podemos tener alguna de ellas o las tres de manera simultánea. El primero y el último se presentan de manera espontánea, el segundo es llamado directamente por Jesús.

El primero de ellos expresa a Jesús su incondicionada disponibilidad: "Señor, deseo seguirte a dondequiera que vayas". Aparentemente es bastante precipitado. No ha mirado con detenimiento las implicaciones de sus afirmaciones. A veces somos bastante precipitados en las cosas de Dios y hacemos promesas que no han sido mediadas por un análisis interior que determine realmente hasta dónde somos responsables con la intención que expresamos para que haya coherencia entre lo dicho y lo asumido.

Es aquel discípulo entusiasta que no mide consecuencias. ¿Será que está dispuesto a dejarlo todo, abandonándose en la persona de Jesús? "Los zorros tienen cuevas y las aves tienen nidos; pero el Hijo del hombre no tiene donde recostar la cabeza". Si esto sucede con el "Hijo del hombre", entonces ¿qué tanta disposición tiene el discípulo entusiasta para asumir lo mismo? Andar con Jesús supone estar dispuesto, salir de la comodidad de una vida instalada para afrontar imprevistos, pobreza y abandono en él.

El segundo "candidato" coloca condiciones para seguirle: "Déjame ir primero a enterrar a mi padre". Alguien se antepone al seguimiento. No es una prioridad el seguimiento de Jesús. Muchas veces colocamos "primeros" que se van prolongando indefinidamente. En su frase que denota no prioridad, no hay claridad si se trata de esperar hasta la muerte de su padre o si éste ya murió y quiere asistir a las exequias.

Jesús exhorta a dar prioridad al llamado: "Deja que los muertos entierren a sus muertos; tú vete a anunciar el reino de Dios". No es una invitación a ser irresponsable frente a los suyos; por el contrario, es una exhortación a darle prioridad a la misión, y en la medida en que se le dé prioridad a la misma, todas las demás responsabilidades podrán ser asumidas de la mejor manera. El amor por el Señor está por encima al amor por todo. El reino que anuncia Jesús es de vivos: "Deja que los muertos entierren a sus muertos", queriendo significar que los que no escuchan a Jesús y no le siguen están espiritualmente "muertos".

Y el último, coloca también una condición: "Te seguiré, Señor; pero déjame antes despedirme de los de mi casa". Éste coloca un "pero". Los famosos "peros" los cuales no son más que inútiles excusas que hay en nuestra vida de seguidores de Cristo. El llamado implica dejar esos peros absurdos, los cuales condicionan la libertad del mismo. El seguimiento implica un cortar con esos "peros" así sean familiares, económicos y hasta espirituales. El seguimiento implica libertad.

Con esta meditación nos podemos dar cuenta que el seguimiento de Jesús no es para nada fácil. El seguimiento de Jesús implica sobretodo, renuncia y amor a nuestro maestro.

Nuestra Sociedad necesita de personas, hombres y mujeres comprometidas por el Reino de Dios, nuestra sociedad necesita de gente capaz de dar ejemplo de vida. El mundo está lleno de charlatanes y falsos profetas, solo si vivimos consientes de nuestro bautismo, seremos en grado de dar testimonio del grande amor que Dios ha tenido, tiene y tendrá hacia nosotros. Amén!

Año C: P9 IV DOMINGO DESPUÉS DE PENTECOSTÉS

Hoy la palabra nos invita a meditar y a que seamos consientes de la bellísima realidad, de que todos pertenecemos al grande movimiento de Jesús.

Nuestro sumo maestro ayer como hoy nos envía al mundo con poder que nos viene del Espíritu Santo; este mandato nos da el poder para expulsar toda clase de demonios, curar enfermedades, proclamar el reino de Dios y sanar a los enfermos.

Jesús, como lo hemos leído en el Evangelio, con el mandato dado a los setenta y dos, deja muy claro que, proclamar las buenas nuevas del Reino de Dios, no es vocación exclusiva de los primeros Apóstoles o de las personas consagradas.

Este es un mandato a todos los que por medio del bautismo nos hemos convertido en sus discípulos. Jesús deja claro que, proclamar la Buena Nueva del Reino, no es una tarea individual sino una actividad comunitaria, que se practica en sociedad, porque el Evangelio es dirigido a seres sociables, hombres y mujeres que son consientes que no están solos en este mundo.

Es a este mundo, a esta sociedad en conflicto, a la que tenemos que anunciar la buena nueva, no únicamente con la palabra si no que más aún con los hechos. Tenemos que ser consientes que este mundo tiene sus raíces en las desigualdades sociales y económicas, el Reino de Dios ofrece una visión de justicia arraigada en el respeto por la dignidad de todo ser humano; un respeto que no está basado en los prejuicios de nuestro tiempo, en la exclusión económica, de género o raza.

Anunciar el Reino de Dios es proclamar una nueva forma de ser y de estar en el mundo; es una nueva forma de entender cómo nos relacionamos, abrazando y viviendo esta justicia y paz que nace del amor. El Reino se trata de entender un nuevo orden, el de Dios sobre todas las cosas; de una proclamación que tiende a transformarnos y cambiarnos la vida, nuestra vida dentro y fuera.

Proclamar esta Buena Nueva es llevar el mensaje de liberación y esperanza a un mundo que desconoce que Dios está entre nosotros. Esta nueva visión del Reino no es puro idealismo y sueños imposibles sino una posibilidad real, porque Dios camina con nosotros, es parte de nuestra historia y porque Dios actúa constantemente en nuestro mundo y en nuestras vidas.

Esto nos tiene que llevar a pensar y sobre todo a creer firmemente que; ninguno de nosotros es iglesia por sí mismo, la Iglesia no es únicamente un edificio, tampoco se trata de una denominación, no es algo que se vive nada más el domingo y basta. La Iglesia somos cada uno de nosotros, nosotros somos las manos y los pies de Jesús. Dios bendice con nuestras manos, abraza con nuestros brazos, ama con nuestros corazones.

Todos somos la Iglesia; todos somos sus manos y sus pies. Nosotros como la primera comunidad tenemos que confiar en Dios y con nuestro trabajo de equipo seguir adelante. Jesús, el Cristo resucitado vive y continúa a renovarnos cada día a través del don del Espíritu, mandándonos a continuar su trabajo sin temor y sin miedo.

Probablemente nos estemos preguntando ¿Qué debemos hacer para ser esas manos y esos pies de Jesús? ¿Cómo podemos serlo cuando Jesús mismo nos dice que nos envía en medio de lobos que habitan entre nosotros hoy? Los lobos de nuestro tiempo son la intolerancia, injusticia, ignorancia, codicia, hambre, odio, homofobía, racismo y como siempre lucha de clases.

Dios sueña con una Iglesia que no exista primeramente para servir a sus propios miembros, por el contrario, sueña con una que sea comprometida en la transformación de vidas, que sea esas manos y pies de Jesús por el bien del mundo. Dios sueña con una Iglesia que se enfoque en hacer discípulos, en una Iglesia que se esfuerce en dar poder a su gente para que puedan vivir su fe en su vida diaria y así poder compartir todas las maravillas que Dios ha hecho y hace en sus vidas.

Muchos intentarán que nos quedemos quietos y callados. Que nuestros criterios, nuestros sanos principios queden sepultados en el olvido. A ello tenemos que responder con la fuerza de nuestras convicciones más profundas. ¡Mirad que los mando como corderos en medio de lobos! Tenemos que responder con la constancia de nuestro trabajo. Las fieras también se pueden domesticar.

Tengamos siempre las manos libres para abrazar con libertad y sin condiciones. Aleguémonos de todo tipo de falsas seguridades y no dudemos en aferrarnos a Cristo que nunca nos faltará ni defraudará.

Jamás tenemos que perder la esperanza porque el Reino de Dios está cerca! Aunque todo nos parezca sin sentido e infructífero; si bien nuestras fuerzas decaigan; tenemos que pensar y confiar que Dios está con nosotros.

Tener siempre presente que nuestros nombres están inscritos en el cielo! Cesan las luchas en la tierra y comienza el descanso celeste. Se apagan las luces de este mundo y se enciende para siempre la luz del lugar reservado para los que han combatido bien la batalla. Amén!

Año C: P10 V DOMINGO DESPUÉS DE PENTECOSTÉS

¿Qué tengo que hacer para heredar la vida eterna? El deseo de todo ser humano es ser inmortal, el vivir los más años posibles, todos queremos vivir para siempre. En nuestra época se diseñan multitud de estrategias y procedimientos para adquirir unos objetivos determinados.

Así funcionan las empresas, lo fundamental es la productividad, la consecución de los fines propuestos. Si esto ocurre con las cosas de este mundo, ¿por qué no nos preocupamos de lo que va a ocurrir con nosotros para toda la eternidad?

En la cultura postmoderna lo que importa es el ahora, lo inmediato, lo inmanente, carece de valor los planteamientos a largo plazo, pero esto no elimina la pregunta fundamental de todo hombre y mujer: ¿Hacia dónde voy, que va a ser de mí después de esta vida? Al letrado del evangelio sí le preocupaba la cuestión del más allá, por eso se dirige al "Maestro". Todos y cada uno de nosotros tarde o temprano también nos enfrentamos a esta muy legítima, normal y existencial interrogante.

Haciendo esto el letrado tendrá vida. Pero él quiere saber quién es su prójimo. Es entonces cuando Jesús relata la historia más sobrecogedora de su mensaje, la historia que resume todo su mensaje. El samaritano se deja mover por la compasión, hoy diríamos que es solidario con la desgracia de su prójimo, aquél pobre hombre que agoniza en la cuneta del camino.

Pone en práctica lo que significa "misericordia quiero y no sacrificios", para él es más importante aquel "próximo", que el cumplimiento cultual, que es la opción tomada por el sacerdote y el levita. Ser solidario es sentir que "lo que a ti te pasa, a mí me importa", que yo me uno a tu sufrimiento y lo asumo como mío, que soy capaz de ponerme en tu lugar y ayudarte a salir del pozo en que te encuentras.

Ahora pregúntate tú mismo, ¿eres solidario, o pasas de largo ante el sufrimiento de tu hermano o hermana? ¿Dónde está tu hermano, es la pregunta del Génesis que resuena en nuestros oídos?

La Iglesia debe ser posada, debe ser un lugar donde se siente el amor, esa casa acogedora, en donde es posible rehabilitarse como persona. Nuestra Iglesia, San Pablo de Roma es ejemplo de esta realidad con su Centro de Refugiados y sus dos Misiones: La Iglesia de la Resurrección de Orvieto y la Comunidad Latina.

Nuestra comunidad siempre debe ser esa posada abierta a todos, donde es posible encontrar la medicina material o espiritual que el enfermo necesita. Y tuvo que ser un samaritano, alguien peor que un extranjero, el que practicara con él la misericordia. Recuerdo ahora la hermosura del significado de estas palabras: "poner el corazón en la miseria y pobreza". El samaritano puso su corazón en la miseria y pobreza de aquél hombre sufriente.

Cristo es la cabeza del cuerpo de la Iglesia. San Pablo recoge este "himno cristológico" probablemente de la liturgia bautismal del siglo primero. San Pablo dice a los cristianos de Colosas, es Cristo, no son los astros u otros poderes celestes los intermediarios. Para los cristianos el único que tiene el poder y la gloria es Cristo, no otro poder del orden que sea.

Pues bien, si Cristo es nuestra cabeza, digamos nosotros con palabras de san Pablo, comportémonos cada uno de nosotros como cuerpo de Cristo, solo de esta manera seremos capaces de mover mis brazos, mis pies, mi boca, mi corazón y todo mi ser al estilo de Cristo, solo así seré en grado de pensar y actuar a favor de los más necesitados, como por ejemplo: los emigrantes y refugiados, todas las personas necesitadas, enfermos, ancianos que viven solos en los asilos.

Hay cuestiones en la vida que, sin duda, tienen una importancia decisiva para cada uno de nosotros. Pero de entre todas esas cuestiones hay una que sobresale por su importancia sobre todas las demás: la salvación eterna de uno mismo. De nada nos sirven todas las otras cuestiones, si perdemos para siempre nuestra alma. Aquella pregunta resuena, también hoy, en nuestros oídos: ¿De qué le sirve al hombre ganar todo el mundo si pierde su alma?

Este personaje, este letrado de la Ley, que se acerca a Jesús para tenderle una emboscada, formula sin embargo una cuestión que todos nos debemos plantear, al menos una vez en la vida: ¿qué tengo que hacer yo para heredar la vida eterna? Y, como este letrado, hemos de dirigirnos al Maestro por antonomasia, al único que de verdad lo es, a Cristo Jesús.

Es verdad que no podemos esperar una respuesta dirigida de modo personal, a cada uno de nosotros. Pero también es cierto que nuestro Señor Jesucristo hace llegar su respuesta a cada hombre y mujer en particular, en su circunstancia precisa de su vida a través de la propia conciencia, o por medio de cualquier otra forma o medio, porque Dios para hablarnos usa diferentes modos y maneras.

Pero siempre tenemos que tener en cuenta que, lo mismo que la promesa es única y formidable, también las exigencias que puede implicar suponen esfuerzo y abnegación. Dios, en efecto, nos promete la vida eterna, pero también exige que, por amor a Él, nos juguemos día a día nuestra vida terrena.

Jugarse la vida es amar a Dios sobre todas las cosas, con todas nuestras fuerzas, con todo el corazón y con toda la mente. Amar con un amor lleno en obras, con un amor que no se busca a sí mismo, con un amor desinteresado y generoso, con un amor que sabe ver al mismo Jesucristo en el necesitado, que no pasa de largo nunca ante la necesidad de los demás, si no que se detiene para amar a Cristo en Él la persona que sufre. Amén!

Año C: P11 VI DOMINGO DESPUÉS DE PENTECOSTÉS

En el Antiguo Testamento, leemos que el patriarca Abrahán, el amigo de Dios y nuestro padre en la fe, era una persona hospitalaria, que amaba a su prójimo y le ayudaba siempre que podía. El ejemplo de este gran hombre de fe, es el que nosotros debemos intentar imitar a lo largo de nuestra vida, siendo personas hospitalarias siempre y cuando se nos presenta la posibilidad. ¿Cómo hacerlo? No hay una respuesta única, que valga para todos los casos. Pero yo creo que una palabra clave, que no debemos olvidar nunca, es la palabra "acoger".

"Acoger" hoy, es sobre todo, escuchar y ayudar al prójimo que se acerca a nosotros pidiendo ayuda. Escucharle siempre y ayudarle también, cada uno como mejor sepa y pueda, discerniendo, con caridad cristiana, lo que de verdad podemos y no podemos hacer. Hoy desgraciadamente, es mucho más difícil que en tiempos del patriarca Abrahán saber cómo y de qué manera debemos practicar la preciosa virtud de la hospitalidad. Porque nuestro mundo es mucho más complicado y abunda desgraciadamente la trampa y el engaño, por esto es importante el discernimiento con sinceridad y realismo lo que podemos y no podemos hacer.

Marta se multiplicaba para dar abasto con el servicio; hasta que se paró y dijo: Señor, ¿no te importa que mi hermana me haya dejado sola con el servicio? Dile que me ayude. Acción y contemplación no son dos modelos distintos de vida religiosa, aunque tradicionalmente las hayamos considerado así.

Toda persona religiosa debe ser persona religiosamente activa y contemplativa, dependiendo de momentos y circunstancias distintas. Ya decía san Agustín, en el siglo cuarto, que la excesiva dedicación al apostolado activo no debía nunca quitarle el tiempo necesario para la oración y contemplación, lo mismo que la excesiva dedicación a la contemplación no debía nunca quitarle el tiempo necesario que dedicaba él al apostolado activo; por tanto lo importante es encontrar el justo equilibrio, como todo en la vida.

Seguro que a Marta le encantaba también escuchar a su amigo Jesús, cuando éste iba a su casa y a María le encantaba igualmente servir y atender en su casa a su amigo Jesús lo mejor que sabía y podía. En el relato que nos narra el evangelio, Marta es la anfitriona y se esmera amorosamente en servir a su amigo con lo mejor que tiene y lo mejor que puede.

Recibir y dar, en ocasiones se contrapone a las dos hermanas como símbolos de la vida activa y de la vida contemplativa respectivamente. Para algunos, la palabra de Jesús, en este supuesto, elevaría la contemplación por encima de la acción. Pero todo esto son elucubraciones que rebasan el marco y la situación familiar en la que se desarrolla la escena. Como en esta escena de Evangelio al igual que en la vida de todos los días de la Iglesia.

EL RENACER DE LA ESPERANZA

Tanto los contemplativos como los que se dedican a la actividad son necesarios. La contemplación lleva a la acción y la acción se sustenta en la contemplación. Que en estos días de descanso incrementemos nuestro tiempo de contemplación de la naturaleza y de todo lo que llene nuestro espíritu, pero también nuestro servicio y hospitalidad.

El Evangelio de San Lucas, nos presenta la casa donde Jesús iba a descansar muchas veces y el entorno en el que se produjo la resurrección de Lázaro. El relato de Lucas de hoy es, sin duda, una de las páginas más citadas, estudiadas y analizadas de todos los textos evangélicos, pues siempre se ha querido ver dos posiciones contrarias en la forma de asumir el seguimiento de Cristo.

Marta es la acción. María es la contemplación. Marta se desvive para tenerlo todo a tiempo. María prefiere quedar junto al Maestro para, solamente, escucharle. Y, sin embargo, esas dos posiciones pueden ser complementarias. En la Iglesia no sobra nadie. Es necesario el ejercicio de la acción, de la entrega, del trabajo hasta la extenuación por servir a los hermanos y hermanas.

Pero también es muy necesario ese plano de la oración y la contemplación constantes. Miles y miles de hombres y mujeres consagrados viven orando por los demás. Ese es su quehacer fundamental. Apartados en sus conventos y abadías elevan, día a día, sus oraciones para que Dios siga cuidando de sus hijos, lo que no dejará de hacer jamás.

Recordemos siempre que el sufrimiento, la donación al servicio de los demás, el entregarse, hasta el no dormir por preocuparse por los demás, jamás es un sin sentido, Cristo lo hizo por ti , por mi y como lo afirma San Pablo: "ahora me alegro de sufrir por vosotros; así completo en mi carne los dolores de Cristo", por tanto a sufrir con gozo, esta es nuestra verdadera vocación, desvelarnos por servir a su cuerpo que es la Iglesia, esto es todos y cada uno de nosotros.

Sufrir por los demás, para salvar a los demás, como hizo Cristo, es ser buen cristiano. No se trata de sufrir por sufrir, sino de sufrir para colaborar con Cristo en la salvación del mundo y el mundo que Dios quiere es un mundo donde reine la paz y la concordia, Dios quiere un mundo mejor. Por eso cada vez que oramos con el Padre Nuestro, pedimos a Dios que venga a nosotros su reino, aquí lo que le pedimos es que nuestro mundo sea un mundo en el que de verdad pueda reinar Dios.

Esto es algo muy difícil de alcanzar, pero los cristianos debemos trabajar cada día para alcanzarlo, o al menos, para acercarnos un poco más al ideal. Trabajemos, pues, de palabra y de obra, para que el reino de Dios se acerque un poco más cada día a nuestro mundo, al mundo en el que nosotros vivimos y nos movemos.

Para terminar esta meditación, les invito a tratar de identificarnos con los personajes protagonistas del evangelio de hoy, porque muchas de la veces también nuestra vida está llena de compromisos, muchas de las veces inútiles, estamos llenos de tareas, de ocupaciones sean en la casa que en el trabajo, las cuales no nos permiten concentrarnos en lo esencial de la vida, en lo que verdaderamente vale la pena.

Mucho más ahora con la era digital, nuestro celular está lleno de notificaciones, correos, mensajes o llamadas perdidas. ¿Nos hemos preguntado cuántas veces vemos el celular al día? Posiblemente no tenemos la cifra exacta pero; éste es solo un ejemplo de cuán ocupados estamos.

En el mundo en que vivimos estamos más propensos al estrés y la ansiedad; en medio de tantos sucesos, muchas veces nuestro encuentro personal con Jesús queda relegado, en un espacio sin oportunidad, desplazado sólo al encuentro dominical en la Iglesia y en ocasiones, cuando nos queda tiempo.

EL RENACER DE LA ESPERANZA

Abramos nuestros oídos a las palabras del Señor que nos dice: "Marta, Marta, estás preocupada por demasiadas cosas, pero solo una cosa es necesaria". Jesús nos da a entender que comprende nuestras inquietudes y ocupaciones pero nos recuerda que lo primordial no puede confundirse con tantas otras cosas. Nada nos debe inquietar o quitar la paz, de tal forma que nos olvidemos que Él tiene que ser el centro de nuestras vidas. Amén!

Año C: P12 VII DOMINGO DESPUÉS DE PENTECOSTÉS

La Santa Escritura nos dice que fue uno de los discípulos, viendo cómo oraba Jesús, el que quiso saber cómo hacer lo mismo. Parece que este discípulo había visto la importancia de la oración para Jesús y los resultados milagrosos de ella.

En los próximos versículos, Jesús indica que la oración nuestra puede ser como la suya en intimidad, frecuencia y poder. Podemos acercarnos a Dios como nos acercamos a un padre amoroso y tierno. No es sólo Jesús quien le puede llamar Padre. Todos y cada uno de nosotros: ancianos, jóvenes, niños, ricos y pobres, podemos llamarle a Dios Padre.

El modelo de oración, nos indica que debemos darle honra a Dios en todo momento "santificado sea tu nombre" y que también debemos de alguna manera vivir o tener una vida como si estuviéramos delante de su trono "Venga tu Reino". El reconocimiento de Dios como nuestro padre santificado nos pone en la posición de pedir su bendición como hijos e hijas.

El Señor, también sabe que necesitamos nuestro sustento diario y por esto también nos dice que lo pidamos "El pan nuestro de cada día, dánoslo hoy". Además de ello, el Señor sabe que el pecado forma parte de nuestra realidad. Necesitamos el perdón y eso no sólo una vez. Necesitamos tanto pan como perdón cada día.

Después de mostrar este ejemplo de oración, Jesús nos dice que debemos insistir sin cesar. En la última parte del Evangelio de hoy, nuestro Señor expone una parábola de un amigo que viene a medianoche a pedir un favor. Al fin, recibe lo que pide por sus insistencias. Es la insistencia del suplicante lo que convence a mover los corazones y las voluntades.

Si un vecino antipático o un juez injusto pueden llegar al punto de darnos lo que pedimos, ¡cuánto más no puede darnos nuestro padre celestial!

Toda buena dádiva y todo don perfecto desciende de lo alto, todo don viene del Padre, en el cual no hay mudanza ni sombra de variación." De los buenos regalos que podemos recibir, Jesús menciona el mejor don que él va a enviar a sus discípulos: el Espíritu Santo. Con el Espíritu Dios ha sellado su pacto con nosotros.

Con este inefable don. Dios nos garantiza su presencia cada momento de nuestras vidas, El está con nosotros, se mueve con nosotros, ríe, llora con nosotros. El no nos abandona jamás.

Y para que no desmayemos en nuestra cotidiana lucha, es el mismo Espíritu que nos ayuda a orar, como dice San Pablo: "De igual manera, el Espíritu nos ayuda en nuestra debilidad". ÉL es, el que nos da la fortaleza para combatir el mal que nos acecha todo los días.

Orar es decirle, es contarle, es plantearle a Dios nuestras necesidades, pidan y se les darán, busquen y encontrarán, llamen y se le abrirá. Orar es pedir y poner todo en las manos del Señor. Orar es agradecer, es alabanza, orar es entender que toda mi vida la debo compartir con mi todo que es mi Padre.

Tenemos que ser sinceros con Dios, decimos siempre el padre nuestro, pero en realidad somos sinceros con él? No digas padre si cada día no te comportas como su hijo. No digas nuestro si vives aislado en tu egoísmo, no digas que estas en los cielos si solo piensas en las cosas de la tierra, no digas santificado sea tu nombre si no lo bendices ni lo honras, no digas venga a nosotros tu reino si lo confundes con el éxito material, ni digas hágase tu voluntad si no la aceptas cuando es dolorosa, no digas danos hoy nuestro si no te preocupas por la gente con hambre sin educación sin cultura sin ropa sin vivienda sin amor, no digas perdona nuestra ofensas si aún guardas rencor y no has decidido perdonar a quién te ha ofendido, no digas no nos dejes caer en tentación si deseas continuar con tus vicios, no digas líbranos del mal si no combates la injusticia y la violencia que la causa, no digas amén si repites como loro la oración de nuestro Señor.

Y recordemos siempre que jamás debemos de orar a Dios para un proceso de injusticia, el Espíritu Santo dará testimonio de nuestras vidas y si hay algo injusto no lo pidas a Dios si hay algo que no te pertenece no lo pidas a Dios si hay algo que el corazón te lo revela que no está en el marco y la voluntad de Dios no lo pidas, nunca hagas oración a Dios para llevar a cabo una conducta de injusticia. Ni tampoco vayamos ante Dios para establecer un mecanismo de apariencia.

Jamás ores como los hipócritas, porque a ellos les justa orar de pie en las sinagogas y en las esquinas de las plazas para que todos los vean, les aseguro que ellos ya han obtenido su recompensa, nos dice la escritura. Pero tu cuando te pongas a orar, entra en tu cuarto cierra la puerta, ora a tu Padre que está en lo secreto y así tu Padre que ve lo que haces en secreto te recompensará.

Cuando te pongas a orar no ores para auto justificarte; querido hermana y hermano qué hay de mi que Dios no conozca? qué palabras pueden existir en mi que yo haya dicho y que Dios no la sepa? es más, qué palabras pueden existir en mi pensamiento que Dios no las conozca? por tanto cuando ores entra en silencio de lo más intimo de tu ser y ahí habla con tu Padre Dios. Amén!

Año C: P13 VIII DOMINGO DESPUÉS DE PENTECOSTÉS

Vanidad de vanidades, todo es vanidad. El autor inspirado, observa cómo nace la primavera, toda llena de verdor, de flores, de mil pájaros que bullen y cantan llenos de vitalidad. Ve cómo el hombre nace a la vida, cómo crece, cómo se afana, cómo está fuerte, pletórico de juventud.
Pero el tiempo sigue su paso implacablemente. Y los árboles quedan desnudos, secos y ennegrecidos sus ramos, podridas sus hojas. Y el hombre fuerte acaba siendo un pobre enfermo de pasos pegados al suelo. Sin que nada pueda devolverle la fuerza, sin que nadie pueda apartarle de su absurdo caminar hacia la muerte. Vaciedad sin sentido, todo vaciedad. Pobrecito hombre que lucha y se afana inútilmente.
Sueña con alcanzar esa deslumbrante pompa de cristal policromo, se afana, se cansa hasta el máximo por acogerla con

sus manos y cuando consigue tocarla, todo se desvanece. Quedando en sus dedos ansiosos sólo un poco de humedad viscosa y la fugaz ilusión de haberlo hecho.

Visión negativa, para el que no consigue ver más allá de la muerte, para el que se queda nada más en la ilusión y los afanes de la vida aquí en la tierra. Ese es el panorama lógico para el que no cree en un Dios justo y bueno, para el que se empeña en construir un paraíso en nuestra pobre orilla.

Hay quien trabaja con destreza, con habilidad y acierto, quien consigue una gran fortuna. Pero de poco, o de nada, le servirá. Llegará el día en el que todo eso se le escape de las manos, sin poder retener nada, viendo con claridad que su esfuerzo ha sido inútil. Otro se apoderará de cuanto él ganó, otro desparramará fácilmente lo que tan arduamente se recogió.

Sólo hay una solución para mantener vivo el deseo y la ilusión, sólo existe un camino para que el ser humano pueda llenar este terrible vacío. La fe, el amor. Entonces, con fe y por amor, sí valdrá la pena de vivir. Porque cuando las hojas caigan de los árboles, cuando la vida huya de nuestros cuerpos, sabemos que quedará viva la esperanza de una primavera eterna. Y el duro invierno será el preludio sereno de una juventud nueva. Sí, después del túnel oscuro de la muerte están las praderas verdes de la eternidad, está el abrazo sin fin de nuestro Padre Dios.

"Vanidad de vanidades". Esta conocida expresión tiene un valor muy actual. Podríamos traducir por el "total sin-sentido". Esta palabra se emplea muchas veces en el libro del Eclesiastés y el tema central del libro se encuentra expresado en ella: una reflexión sobre lo limitado de la vida, hasta llegar al desengaño.

De una fuerza destructora impresionante, y de un realismo que nadie puede contestar, esta reflexión sobre la inutilidad de nuestras utilidades llegará hasta el final del libro. Es ésta una realidad que ocurre a diario. Además, recordemos que trabajar y no disfrutar, trabajar para otros, es una de las maldiciones clásicas de la ley y los profetas. Piensa el autor que hay hombres que se condenan a sí mismos a semejante maldición.

Estas palabras muestran la necesidad de una trascendencia, de una apertura hacia algo más que la limitación del ser humano. Nuestra vida encerrada en sí misma es imposible, porque nosotros somos seres sociables por naturaleza. Los autores sagrados quieren comprender el sentido de la vida, da vueltas en torno a ella, pero se estrella siempre ante el muro de la muerte. Por eso su grito desconsolado.

Porque el ser humano vive ocupado en el esfuerzo de acumular y acumular, no tiene tiempo para disfrutar, o bien es un egoísmo cerrado que no ayuda a nadie. Una de las formas de salir de este círculo opresor será el de apagar nuestra sed fundamental ayudando a apagar con nuestro mayor bien, que es la vida, la sed de los demás. Todo este modo de pensar, oscuro e imperfecto, se aclarará con la luz del Evangelio de Jesús. La vida adquiere nuevo sentido en la fe.

La codicia y la ambición ciegan, en el ser humano, destruyen en él los valores del espíritu, le llevan a sacrificar en aras del dinero y el poder cuanto sea preciso. El Señor nos pone sobre aviso a todos, pues todos podemos ser víctima, de uno u otro modo, de ese afán de poseer y de mandar. Lo importante, por lo tanto, no es amasar riquezas y honores, sino ser rico a los ojos de Dios. Sólo así podremos vivir serenos y tranquilos, sin temer ni a la muerte ni a la vida.

Hay un peligro de las riquezas: pueden esclavizar, cuando la "mammona", nombre hebreo de las riquezas, es un falso dios objeto de adoración. Mientras millones de personas pasan hambre, nuestra sociedad derrocha lo que otros necesitan para vivir. Como cristianos estamos llamados a compartir lo que hemos recibido y debemos tener cuidado, pues "no podemos servir a Dios y al dinero".

Hay riquezas carísimas y riquezas baratas. Es triste que, mientras la gente se pasa la vida llorando por no poder alcanzar los bienes caros, se dejen de cultivar los que tenemos al alcance de la mano. La más grande y "barata" de las riquezas es la amistad. Un buen amigo vale más que una mina de oro.

Recordemos siempre. Si hemos resucitado con Cristo, busquemos los bienes de allá arriba, donde está Cristo. Aspiremos los bienes de arriba. Sepultemos de una vez para siempre todo lo terreno que hay en nosotros, liberémonos, despojémonos del hombre viejo y revistámonos del nuevo, Cristo Jesús. Estas palabras que dice san Pablo a los Colosenses son palabras claras y exigentes para todos nosotros, los cristianos.

Venimos a este mundo con un cuerpo que tiene mucha inclinación al mal, porque es un cuerpo material y materialista, apegado a los bienes de la tierra. Por el bautismo hemos sido convertidos en hombres nuevos, con el alma revestida de gracia y santidad, pero el cuerpo sigue estando ahí con todas sus inclinaciones y pasiones. Cada día debemos esforzarnos para que el hombre nuevo que surgió en nuestro bautismo se parezca un poco más a Cristo.

Es muy difícil vivir como hombres nuevos y mujeres nuevas, como verdaderos cuerpo de Cristo, y no lo seremos del todo hasta después de resucitados. Por eso, cada día debemos intentar, como nos dice el apóstol, dar muerte a todo lo terreno que hay en nosotros: impureza, pasión, codicia, avaricia, idolatría. Precisamente por eso, porque es muy difícil, debemos también pedirle a Dios todos los días, que nos de la fuerza ay el coraje para vivir como verdaderos hijos e hijas de un Dios liberador. Amén.

AÑO C: P14 IX DOMINGO DESPUÉS DE PENTECOSTÉS

Vivir esta vida como preparación a la otra. La sagrada Escritura nos dice: Dichosos los criados a quienes el Señor, al llegar, los encuentre en vela. Lo mismo ustedes, estad preparados, porque a la hora que menos penséis viene el Hijo del hombre.

Los cristianos no debemos vivir obsesionados con la muerte, sino con la vida, sí, con esta vida. Porque es en esta vida donde se fragua la vida eterna, la vida que no tiene fin, porque tenemos que estar seguros que, como es la vida, así es la muerte. Por otra parte, esta es una afirmación que comparten todas las religiones, todos los creyentes en la vida eterna. Jesús amó la vida, amó esta vida, curó enfermos, resucitó muertos, se preocupó de los pobres, desvalidos y marginados, lloró ante la tumba de su amigo Lázaro.

EL RENACER DE LA ESPERANZA

Sin embargo, o precisamente por eso, nunca olvidó que a este mundo sólo había venido de paso, para salvarle, para cumplir la voluntad de su Padre, volviendo después, ya como persona resucitada, al seno de su Dios para siempre. Cristo luchó mucho en esta vida, se la jugó en su lucha contra el mal, en la predicación y realización de los valores del Reino.

Precisamente, porque amó esta vida hasta el extremo es por lo que nunca cedió ante las tentaciones del mal. Vivió siempre en vela, vigilante, arremetiendo contra el mal y defendiendo a muerte los valores del Reino. Esto es lo que tenemos que hacer los cristianos, los discípulos de Jesús, tomarnos esta vida en serio, haciendo de ella el camino recto y seguro para llegar después, bien preparados, a los brazos de Dios, a la vida eterna. Amemos esta vida, vivámosla en vela, vigilantes, sabiendo, con el poeta, que "este mundo es camino para el otro".

Hermanos y hermanas, la fe es seguridad de lo que se espera, y prueba de lo que no se ve. Con fe murieron todos los santos, ellos confesaron con su vida que eran huéspedes y peregrinos en esta tierra. No es fácil tener hoy la fe que tuvieron nuestros padres en la fe, nuestros abuelos, y los antepasados de los que se nos habla en la carta a los Hebreos. En aquel entonces la fe se heredaba, porque se traspasaba de generación en generación, por medio de la palabra y los hechos.

Hoy muchísimos niños nacen y crecen de espaldas a cualquier clase de fe religiosa. Lo que hoy se hereda, mayoritariamente, es la fe en la ciencia y en los científicos, la fe empírica y racional. Estos son los tiempos en los que nos toca vivir a los creyentes de hoy. Pero nosotros, sin renunciar nunca a la fe en una ciencia empírica y racional, debemos profundizar y afianzarnos aún más en una fe religiosa que no sólo no es compatible con la ciencia empírica, sino que la complementa y la agranda.

Razón y fe, ciencia y religión, deben ser para nosotros dos fuentes de verdad y de seguridad en nuestro siempre incierto y azaroso caminar por este mundo. Somos peregrinos en esta tierra, caminantes hacia una Jerusalén futura; caminemos con fe, esperanza y amor. Es Dios el que nos espera al final de nuestro caminar, esperándonos, como a hijo pródigo, para acogernos en sus brazos amorosos de Padre.

Perseverancia y fidelidad. La epístola a los Hebreos va dirigida a unas comunidades que viven en medio de un mundo hostil. A muchos cristianos les parecía que el evangelio era una utopía poco menos que irrealizable y empezaban a desfallecer ante las persecuciones, algunos abandonaban incluso la iglesia. Por eso el autor les exhorta a la perseverancia y a la fidelidad.

Recurre, para conseguir el efecto deseado, a los ejemplos bíblicos, sobre todo al ejemplo de Abrahán. No pretende dar una definición de la fe, sino destacar aquellos rasgos fundamentales que obtuvo la fe en los grandes creyentes y que convenía recordar a los que vacilaban: la firmeza en la esperanza, que anticipa los bienes futuros, y el convencimiento de lo que aún está por ver y por venir. La fe, como respuesta a la palabra de Dios que tiene el carácter de promesa, es inseparable de la esperanza.

Hemos recibido mucho. Jesús ha hecho un descubrimiento: "El Reino se parece a un tesoro escondido en el campo; si un hombre lo encuentra, lo vuelve a esconder y de la alegría va a vender todo lo que tiene y compra el campo aquél". Desde este descubrimiento puede Jesús hablar e invitar como lo hace. Cuando se ha encontrado un tesoro, la atención y el interés estarán en el tesoro, no en los problemas que implicará tener en las manos el tesoro.

"Buscar primero el Reino y esas otras cosas vendrán de sobra". Jesús no te invita a quedarte sin nada, sencillamente porque antes ya lo tienes todo. No tengas, pues, miedo a dejar las cosas de este mundo. El evangelio nos hace una llamada a la responsabilidad. Tenemos que ser como el criado fiel atento a agradar a su amo.

Hemos recibido muchos dones, el principal el don de la fe. Se nos exigirá mucho porque hemos recibido mucho. No desperdiciemos la gracia de Dios en nosotros. ¿Eres cristiano? Lo tienes que demostrar por tu fe inquebrantable en un mundo nuevo. Ser cristiano lleva consigo esa fe. Por ser cristiano has adquirido la responsabilidad de creer en un mundo nuevo y de bienestar. Quien no es cristiano no tiene tanta responsabilidad de creer en este mundo como tienes tú.

La vida del cristiano es un camino de perfección con tintes divinos. Tenemos que todos los día aspirar a las cosas del cielo, vivir en este mundo como peregrinos, pensando que nuestra patria celestial es la definitiva morada para los criados buenos y sabios. Amén!

AÑO LITURGICO C

Año C: P15 X DOMINGO DESPUÉS DE PENTECOSTÉS

Las últimas palabras de la Carta a los Hebreos son claras y contundentes, Cristo murió por luchar contra el pecado del mundo, nosotros debemos estar dispuestos a seguir su ejemplo. Vivir en la verdad del evangelio, aunque nos toque sufrir, en ningún momento tenemos que rechazar el sufrimiento de cada día para vivir nuestra fe con valentía e integridad, con ánimo y fortaleza cristianas, siempre.
 ¿Pensáis que he venido a traer al mundo paz? Pues no, para entender bien un texto sagrado siempre ha sido necesario leerlo en su contexto. En todo el capítulo 12 del evangelio según san Lucas, Jesús les dice a sus discípulos que vivan alerta y vigilantes, para que cuando llegue el Señor los encuentre en vela. Vivir alerta y vigilantes supone vivir siempre atentos a la voluntad de Dios, para cumplirla. Lo primero es predicar y vivir el reino de Dios, todo lo demás es

secundario. Pero, naturalmente, el predicar y el vivir el reino de Dios nos pone casi siempre en contra de los que predican y viven valores contrarios a la buena nueva, al evangelio, al reino de Dios.

Mantener la fe en las dificultades. La constancia en el combate o en la prueba es una de las cualidades del atleta, imagen frecuente en el Nuevo Testamento. El proceso en el que el creyente está implicado tiene su raíz y su cumplimiento en el mismo Jesús. No es una lucha en solitario, sino motivada y concluida por el espíritu del primero que se lanzó a esta dura batalla.

Con Jesús se lanza el creyente al más formidable proceso de liberación que haya existido. Llevar a todos y a todas hasta la plenitud. El cristiano sigue los pasos marcados por Jesús y sabe que la entrega total y la abnegación es el único camino para llegar a Dios.

Tal vez hay aquí una alusión a lo que puede suponer el martirio en el camino de la fe. Sabemos que las primeras comunidades construyeron su fe con la sangre de los mártires. El autor anima a sus lectores a mantenerse en la fe en un ambiente de oposición que, por lo demás, ya el mismo Jesús experimentó desde el comienzo de su vida.

La prueba acompaña siempre al verdadero creyente, como vemos también en el antiguo Testamento. Hoy muchos cristianos son perseguidos y derraman su sangre por Cristo. En otros lugares nuestra fe es objeto de burla. Hoy más que nunca tenemos que ser constantes en el seguimiento de Cristo.

El Señor en el pasaje evangélico, manifiesta a sus discípulos el celo apostólico que le consume: "He venido a traer fuego a la tierra". Somos nosotros quienes hemos de ir ahora por el mundo con ese fuego de amor y de paz que encienda a otros en el amor a Dios y purifique sus corazones.

Hoy es un buen día para considerar en nuestra oración si nosotros propagamos a nuestro alrededor el fuego del amor de Dios. El testimonio del evangelio en medio del mundo se propaga como un incendio. Cada cristiano que viva su fe se convierte en un punto de apoyo e impulso en medio de los suyos, en el lugar de trabajo, entre sus amigos y conocidos.

El evangelio no nos debe dejar indiferentes, tiene que llevarnos a transformar nuestras vidas. Es esta la violencia interior de la que habla el evangelio de hoy, porque altera nuestra vida acomodada y muchas de las veces mediocre. Puede que seamos incomprendidos y rechazados. Pero el amor a Dios ha de llenar nuestro corazón de su fuego y hacernos capaces de compadecernos de todos aquellos que andan alejados del Señor y procuraremos ponernos a su lado para que conozcan al Maestro. Cada encuentro con el Señor lleva esa alegría y a la necesidad de comunicar a los demás ese tesoro. Así propagaremos un incendio de paz y de amor que nadie podrá detener.

En ocasiones se puede pensar que el Evangelio es un libro para nada violento y que las palabras de Jesús fueron siempre suaves y dulces. Sin embargo, no es así. Muchas veces, más de las que creemos, el tono de las intervenciones de Cristo se carga de energía y poderío, las suyas son palabras ardientes y penetrantes, estridentes casi.

Por eso pensar que el Evangelio es un libro tranquilo, o de consenso, es un error de grueso calibre. No, el Evangelio no contiene una doctrina de acomodados ni fácil, no es tranquilizadora para el hombre y mujer que quiera seguir a Cristo, no es el opio del pueblo como decía uno de los santones del comunismo. En el Evangelio de este domingo, escuchamos a Jesús que dice haber traído fuego a la tierra para incendiar al mundo entero.

El Evangelio es, sin duda, una doctrina revolucionaria, la enseñanza más atrevida y audaz que jamás se haya predicado. La palabra de Cristo es la fuerza que puede transformar más hondamente al ser humano, a toda alma de buena voluntad, la energía más poderosa para hacer del mundo algo distinto y formidable.

Nuestro Señor Jesucristo ha encendido el fuego divino, ha iniciado un incendio de siglos, ha quemado de una forma u otra todas las páginas de la historia, desde su nacimiento hasta nuestros días y lo seguirá haciendo.

Es verdad que en ocasiones nosotros, los cristianos, ocultamos con nuestro egoísmo y comodidad, con nuestras pasiones y torpezas, la antorcha encendida que Él nos puso en nuestras manos el día de nuestro bautismo.

Pero el fuego sigue vivo y hay gracias a Dios, quienes levantan con valentía el fuego de Dios, el fuego del amor y de la justicia, el fuego de la generosidad y el desinterés, el fuego de una vida casta y abnegada, el fuego de la verdad que no admite componendas. ¿Piensan que he venido a traer al mundo paz?, hoy nos pregunta Jesús también a nosotros.

Quizá tendríamos que responderle que sí, que pensamos que su mensaje es algo muy bello pero algo descabellado y teórico, un mensaje de amor mutuo que se reduce a buenas palabras, que es compatible con una vida aburguesada y comodona. Si eso pensamos, o si vivimos como si eso fuera el Evangelio, estamos totalmente equivocados, hemos convertido en una estúpida caricatura el rostro de Jesucristo, hemos apagado en lugar de avivar el fuego de Dios.

Queridos hermanos y hermanas, jamás es tarde para recomenzar, vamos a rectificar, vamos de nuevo a encender nuestros corazones y nuestros entendimientos. Dejémonos quemar y abrazar del fuego del amor de Dios, porque sólo así seremos capaces de transmitirlo a los demás, transmitirlo a nuestras familias, a nuestra comunidad y a toda la sociedad que mucha falta le hace. Amén!

Año C: P16 XI DOMINGO DESPUÉS DE PENTECOSTÉS

El evangelio de hoy describe la curación de la mejor encorvada. Se trata de uno de los muchos episodios que Lucas nos narra, sin mucho orden, al describir el largo camino recorrido por Jesús hacia Jerusalén.

La situación que provoca la acción de Jesús cuando Jesús está en la sinagoga en un día de reposo. El como todos los buenos practicantes cumple con la ley, guardando el sábado y participando en la celebración con su gente.

Lucas informa que Jesús estaba enseñando. Había en la sinagoga una mujer encorvada. Lucas dice que un espíritu de flaqueza le impedía asumir una postura recta. En aquel tiempo la gente explicaba así las dolencias. La mujer llevaba dieciocho años en esta situación. No habla, no tiene nombre, no pide la curación, no toma ninguna iniciativa. Su pasividad llama la atención.

Viendo a la mujer, Jesús la llama e le dice: "¡Mujer, queda libre de tu enfermedad!". La acción de liberar se realiza por medio de la palabra, dirigida directamente a la mujer, y por el toque de la imposición de las manos. Inmediatamente, se pone de pie y empieza a alabar al Señor. Hay una relación entre el ponerse de pie y dar gloria a Dios. Jesús hace que la mujer se ponga de pie para que pueda alabar a Dios en medio del pueblo reunido en asamblea. De la misma manera como ocurrió en la curación de la suegra de Pedro, ella una vez curada, se levanta y se pone a servir ¡Alabar a Dios y servir a los hermanos!

El jefe de la sinagoga se volvió furioso viendo la acción de Jesús, porque había curado a la mujer un día de sábado. El mandamiento enseñaba de trabajar seis días y en ellos hacer todas las faenas. En la reacción autoritaria del jefe de la Sinagoga, tenemos una llave para entender por qué motivo la gente estaba tan oprimida y por qué la mujer no podía participar en aquel tiempo.

El jefe condenó a las personas porque El quería que observaran la Ley de Dios. Aquello que para el jefe de la sinagoga es observancia de la ley de Dios, para Jesús es hipocresía y por eso les dice: "¡Hipócritas! ¿No desatan ustedes del corral el sábado a vuestro buey o a vuestro asno para llevarlos a darles agua? Y a ésta mujer, que es hija de Abrahán, a la que ató Satanás hace ya dieciocho años, ¿no estaba bien desatarla de esta esclavitud en día de sábado?"

Con este ejemplo sacado de la vida diaria, Jesús muestra la incoherencia de este tipo de observancia de la ley de Dios. Si está permitido desatar un buey en el día de sábado, sólo para darle de beber, mucho más está permitido desatar a una hija de Abrahán para liberarla del poder del mal. El verdadero sentido de la observancia de la Ley que agrada a Dios es éste: liberar a las personas del poder del mal y ponerlas de pie, para que puedan glorificar a Dios y rendirle homenaje.

La enseñanza de Jesús deja confusos a sus adversarios, pero la multitud se llena de alegría por las maravillas que Jesús está realizando. En la Palestina del tiempo de Jesús, la mujer vivía sometida al marido, a los padres y a los jefes religiosos de su pueblo. Esta situación de sumisión estaba justificada por la religión. Pero Jesús no quiere que ella siga esclava. Desatar y liberar a las personas no tiene un día marcado, para liberar todos los días son buenos.

Preguntémonos: La situación de la mujer ¿ha cambiado mucho o es la misma que en el tiempo de Jesús? ¿Cuál es la situación de la mujer hoy en la sociedad y en la Iglesia? ¿Hay alguna relación entre religión y opresión de la mujer?

Jesús quiere que tengamos vida en su plenitud y se propone liberarnos de todo lo que nos esclaviza. Esto incluye la enfermedad, pero también actitudes humanas y juicios que nos encarcelen o no nos dejan ser libres.

Para Jesús, la misericordia y compasión son primordiales y ese tiene que ser el actuar del verdadero cristiano, un corazón siempre compasivo y dispuesto a defender a los pobres y a los más débiles.

Jesús nunca se negó a hacer el bien, nunca pasó de largo, nunca volvió su rostro al otro lado y cuando un padre o una madre, o incluso simplemente gente amiga le llevaban delante un enfermo, para que lo tocara y lo sanara, no estaba mirando si es de día, de noche o día de descanso; la curación estaba por encima de la ley; incluso de aquella tan sagrada como el descanso del sábado. Los doctores de la ley reprendían a Jesús, porque curaba el sábado, porque hacía el bien el sábado, pero el amor de Jesús era dar la salud, hacer el bien.

La vida espiritual, aunque esté oculta a los ojos, tiene una dimensión infinitamente superior a las acciones puramente materiales. Por ejemplo, un acto de caridad hecho por amor a Dios embellece al alma de tal manera que nos quedaríamos extasiados si pudiéramos contemplarla.

Es impresionante lo que realizan en nosotros los sacramentos, el asistir y vivir a plenitud la Santa Eucaristía. Porque recibimos gracias especiales de Dios.

Sin embargo, tenemos que reconocer que estamos sujetos a las realidades de la tierra y que no podemos percibir nuestra transformación en el mundo espiritual. Pero si tenemos fe y perseveramos hasta el final, un día podremos ver con claridad, sin misterios, la grandeza de cada alma humana. Amén!

AÑO LITURGICO C

Año C: P17 XII DOMINGO DESPUÉS DE PENTECOSTÉS

Abrirnos al mensaje de la Palabra de este domingo es caer en la cuenta de que vivimos bajo la mirada de Dios y de su misericordia con una de las actitudes más sublimes y más escasas en la vida del ser humano: la humildad, sobretodo hoy en día, época de la autosuficiencia.

El orgullo lo adquirimos por naturaleza y la humildad, es bendición de Dios, es don de Dios, de aquí que lo tenemos que pedir todos los día de nuestras vidas el don de la humildad.

El autor de la carta a los Hebreos contrapone las dos alianzas, la del Sinaí y la de Cristo. La alianza del monte Sinaí, cuyo mediador fue Moisés, estuvo acompañada de truenos y sismos y fuegos pirotécnicos de los volcanes, en cambio la segunda alianza, cuyo mediador fue Cristo, nos produce paz y amor.

Los cristianos somos hijos de la alianza en Cristo, alianza nueva y eterna, como lo afirmamos en la consagración. Por eso, todos los días de nuestra vida tenemos que agradecer a Cristo por habernos rescatado del pecado mediante esta nueva y eterna alianza, que llevó a cabo Jesucristo con su vida, muerte y resurrección.

La historia de salvación a lo largo de los siglos nos ha enseñado que solo los humildes fueron capaces de reconocer y de ver al Salvador. Los engreídos y orgullosos levantaron tan gigantescos muros de preceptos y de prejuicios delante de sí mismos que se quedaron petrificados en su propia arrogancia. Fueron incapaces de sentarse a compartir el festín por pensar que eran los primeros en todo y que no había nada que se les escapara a su entendimiento.

Tan en primera línea pretendieron estar, que otros desde más atrás, contemplaron, gustaron y presenciaron la novedad que les traía Jesús con mayor nitidez y acogida.

A Jesús se llega y se le ve más rápidamente con los lentes de la humildad; cuando somos capaces de confrontarnos a nosotros mismos con valentía y reconociendo equivocaciones o errores. Nuestra postura ante Dios no puede ser de orgullo o autosuficiencia.

Alguien con cierta razón sentenció: "el orgullo es una lente sucia que nos impide, seguir a Dios". Este problema lo entendieron bien los primeros santos de nuestra Iglesia; iniciando por María, José, El Bautista y tantos hombres y mujeres de bien que supieron vestir la humildad no por apariencia y sí con el convencimiento de que, ese gran don, era el camino privilegiado para seguir las huellas de Jesús Maestro.

Y es que es así; cuando somos gigantes en humildad estamos más cerca de lo auténticamente grande. Es un camino hacia la grandeza de Dios.

Recordemos siempre que todo el que se enaltece será humillado y el que se humilla será enaltecido, la lectura del relato evangélico según san Lucas habla de la humildad como una virtud necesaria en la vida de todas las personas, por lo general las personas humildes son siempre más apreciadas que las personas soberbias y arrogantes.

La humildad es una virtud rara, porque pocos son los humanos que la asumen sincera y completamente. La soberbia es lo contrario de la humildad y es uno de los mayores motivos de separación y alejamiento de Dios. La soberbia nace precisamente en personas que, tal vez, llevan un camino aceptable de perfección, pero que un exceso de autoestima les lleva a pensar equivocadamente, que eso es suficiente y muchas de las veces viven convencidas que su soberbia les basta.

Sería el caso del fariseo que rezaba en el lugar más importante del templo agradeciendo a Dios lo bueno que era él mismo, cuando el único bueno es Dios. La soberbia impide ejercitar el perdón de las ofensas y esto es causa de enfrentamientos entre familiares que llevan incluso a la destrucción de las familias.

Existen no obstante, situaciones de vanagloria menos graves que tampoco son útiles para el cristiano. Una conformidad permanente con nuestra forma de ser o de actuar nos impedirá profundizar en los errores personales y en errores nuestros en el trato con los demás.

Se da mucho en gente practicante que se siente feliz de no ser malos como los otros y sin embargo, lo que están haciendo es aproximarse al fariseo del relato evangélico. Si adoramos a Dios, si aceptamos todos los días su grandeza y misericordia, vamos a entender rápidamente nuestra pequeñez delante de Dios.

La suprema humildad es cuando Jesús, la Segunda Persona de la Trinidad tomó nuestra humanidad y que terminó muriendo en la Cruz en unas condiciones deshumanas. No hay humildad mayor que esa. El camino hacia el Gólgota es un

EL RENACER DE LA ESPERANZA

ejemplo completo de humildad y entrega. Jesús, con su notable capacidad de maestro, trazó enseñanzas concretas y con su ejemplo de vida demostró que es posible un mundo mejor.

Los puestos de honor en fiestas, banquetes y bodas, lo eran en tiempos de Jesús y lo siguen siendo hoy en día. La gente lucha por aparentar, hace todo lo posible para que le vean en los mejores puestos y la mayoría de las veces dicha apariencia es pura hipocresía.

Tratemos de no ignorar el mensaje que Jesús nos da en la palabra de este domingo. Nuestra verdadera felicidad esta en el compartir nuestra alegría con las personas más necesitadas de nuestra sociedad, de nuestra comunidad y de nuestra familia.

Jesús hoy nos da líneas de conducta, las cuales nos llevarán a ser verdaderos hijos del Dios amor. En ningún momento tenemos que vivir dando las espaldas a un mundo que necesita de tanto amor, gente marcada por el hambre, por las necesidades primordiales, mientras otros abusan y exageran jugando a los puestos de honor.

Recordemos siempre de los enfermos, de los ancianos de los encarcelados y de las personas que viven alejados de la fe. Solo si vivimos así seremos capaces de entrar por la puerta estrecha la cual de seguro nos lleva a nuestra patria celeste, por ende a nuestra salvación definitiva. Amén!

AÑO LITURGICO C

Año C: P18 XIII DOMINGO DESPUÉS DE PENTECOSTÉS

Los sabios de todos los tiempos siempre han buscado la verdad y el sentido de la vida. Los astrólogos han buscado en los astros el destino del ser humano.

Hoy se ha puesto de moda de nuevo el ansia de descubrir el propio futuro acudiendo al horóscopo o al adivino de turno que descifra la carta astral. Sabemos que son estafadores y charlatanes que se aprovechan de la ingenuidad, ignorancia y de la falta de seguridad que sufren muchos hombres y mujeres de nuestro tiempo.

Dios es el único que nos concede la auténtica sabiduría, iluminando nuestra oscuridad. Cuando descubrimos la verdad que viene de lo alto, entendemos lo que Dios quiere de nosotros y alcanzamos la felicidad, la cual se traduce en salvación.

Las lecturas que acabamos de escuchar están orientadas a movernos para que vivamos y actuemos en el amor. San Pablo, en su epístola pone en práctica las exigencias del evangelio de Jesús. Por la aceptación del evangelio y gracias al bautismo, el término esclavo tomó un significado totalmente diferente.

Todos y cada uno de nosotros, gracias a la Sangre de Cristo hemos sido liberados, liberados de todo tipo de esclavitud, de aquí que el verdadero cristiano tiene que luchar todos los días contra todas las cosas de este mundo que nos esclavizan.

Por su parte, en el Santo Evangelio, Jesús invita a la renuncia total y al seguimiento para poder ser discípulos suyos. La primera condición es: "Si uno quiere venir conmigo, niéguese así mismo". Se trata de hacer una opción radical por la persona de Jesús y por la nueva escala de valores que El propone.

Los valores del Reino deben estar por encima de todo. Quien no hace opción por la Vida que El personifica, tendrá que contentarse con una vida raquítica y no conseguirá superar jamás los problemas que plantean las relaciones humanas.

La segunda condición es consecuencia de la anterior: "Quien no carga con su cruz y se viene detrás de mí, no puede ser discípulo mío". A imitación de Jesús, el discípulo tiene que estar preparado para afrontar el rechazo de la sociedad que tan segura y arrogante se muestra de sí misma.

Quien no esté dispuesto a aceptar el fracaso a los ojos del mundo, que no se apunte. Uno debe ir por el mundo sin seguridades de ninguna clase, llevando a cuestas como Jesús la suerte de los marginados y abandonados de la sociedad.

La tercera condición es: "Todo aquel de ustedes que no renuncia a todo lo que tiene, no puede ser discípulo mío". El Señor nos invita a liberarnos de todo lo que nos esclaviza para ser libres para el seguimiento. Necesitamos los bienes materiales para vivir, pero nunca debemos ser esclavos de ellos.

Todos los cristianos sabemos que el mismo Jesucristo sufrió muchísimo en su vida, pasión y muerte, antes de resucitar glorioso a los cielos. Por tanto, cuando ahora Jesús dice a sus discípulos que tienen que renunciar a todos sus bienes para poder ser discípulos suyos, debemos entender que sabe lo que dice.

Por supuesto, se refiere a todos los bienes que se oponen a la predicación y consecución del reino de Dios, tal como él lo había hecho y predicado. Cada uno de nosotros, los cristianos, debemos preguntarnos a nosotros mismos: ¿Qué bienes tengo yo que me impiden, o hacen muy difícil ser verdadero discípulo de Jesús? No sólo bienes materiales, sino aptitudes, deseos y tendencias que vayan en contra de los valores que predicó y practicó en su vida Jesús de Nazaret, antes de resucitar glorioso a los cielos.

Si no renunciamos a todos los bienes que nos impiden ser verdaderos discípulos de Jesús, no podremos ser sus discípulos. Esto, teóricamente es muy claro, pero, ¡qué difícil es practicarlo!

Es impresionante ver el filo conductor que une el Antiguo Testamento y el Nuevo Testamento, respecto al conocimiento de Dios. Los designios de Dios solo los podrá conocer el alma iluminada por el Espíritu Santo. Así es, así fue y así seguirá siendo. Sin la ayuda permanente del Espíritu es imposible conocer lo que Dios quiere de nosotros.

Es verdad que Jesús "fue la imagen del Dios invisible" y nos enseñó a reconocer el amor desbordante del Padre hacia sus criaturas. Por eso mismo, sin la ayuda del Espíritu, no nos llegaría, no lo entenderíamos.

Muchas de las especulaciones que hacen algunos respecto a la figura de Cristo, o en torno a la presencia de Dios en la creación, y que se pierden por caminos de adivinanzas o de conjeturas interminables, se deben a la ausencia del Espíritu. Cuando el Espíritu Santo está en nosotros todo llega fluidamente y con una profundidad que no procede de nosotros mismos.

La invitación de Jesús en el evangelio es a expandir más nuestros horizontes en cuanto al amor que ofrecemos cada día. Es un llamado para comenzar a amar más allá de donde estamos acostumbrados o nos sentimos cómodos y correspondidos. Es la invitación a amar aquel que piensa diferente, a quien tiene otras costumbres,

Al celebrar hoy nuestra fe, debemos recordar primordialmente el amor que Dios tiene por cada uno de nosotros, no por el resultado de lo que somos o por nuestras acciones, sino simplemente porque nos ama.

Así, reconociéndonos amados por Dios, debemos dar el paso y hacer conciencia del lugar de nuestra fe, es decir, del lugar que damos a Dios en medio de nuestras prioridades y de las cosas que nos importan, y luego, mirar más hacia las personas que le importan a Él. Solo de esta manera seremos realmente felices, porque en el compartir está la verdadera felicidad. Amén!

Año C: P19 XIV DOMINGO DESPUÉS DE PENTECOSTÉS

La preciosa y fantástica historia de amor entre Dios y su creación, esto es nuestra historia de la salvación, desde siempre es y será un maravilloso relato de amor.

Desde el mismo momento en que el ser humano cae en el pecado por la desobediencia, Dios no excita y se apresura a ir en su búsqueda a fin de devolverle la dignidad y cubrir su desnudez y su vergüenza; pero además le promete inmediatamente un Salvador que vencerá al adversario y restablecerá la armonía entre lo humano y lo divino.

La liturgia de la palabra de este domingo, en su primera lectura nos muestra a un pueblo infiel e inconstante que necesita de permanente cuidado y atención para mantenerse fiel a su Señor. Al caer en la desesperanza busca de manera angustiosa un punto de referencia, como en este caso, fabricando un ídolo de metal precioso y atribuyéndole poderes divinos, suplantando así al creador de todas las cosas, a su salvador y libertador.

El escenario moderno no es muy distinto. Al igual que el pueblo del Antiguo Testamento nos encontramos rodeados de una infinita oferta de deidades, de dioses falsos, que nos prometen, por un lado, prosperidad, curar nuestros males físicos, liberarnos de esclavitudes y felicidad sin límites y por otro lado, un mundo de incredulidad que nos invita al placer desmedido que termina en libertinaje, drogas, alcohol, sexo sin amor, dependencia tecnológica y consumismo; situaciones que, al final, nos colocan en un estado de ansiedad que destruye familias, amistades y relaciones humanas en general.

La clave para la verdadera felicidad nos la da San Pablo, cuando dice: "El Señor derrochó su gracia en mí, dándome la fe y el amor en Cristo Jesús". El vive convencido y seguro del amor del Padre, por eso es en grado de aconsejar a los demás, les dice que se pueden confiar plenamente y les repite que: Cristo Jesús, vino al mundo para salvar a los pecadores, que en ningún momento tenemos que acobardarnos y no tenemos que tener miedo a nada ni a nadie, porque somos hijos de la luz.

Esta invitación que San Pablo hace a sus contemporáneos, nos la hace también a nosotros, por tanto confiemos en Cristo, acojamos su amor y su misericordia en nuestros corazones y en nuestras vidas, porque sabemos que el corazón de Cristo, como el corazón de su Padre, Dios, es un corazón misericordioso y lleno de amor.

Por su parte el Santo Evangelio de hoy nos habla de la alegría que se da cuando se encuentra algo que se ha perdido, que es la misma alegría que se da en el cielo cuando una alma es recuperada. El actuar de Cristo tiene una única causa y esta es; el amor del Padre hacia todas las personas, con especial atención hacia las personas más débiles, necesitadas, alejadas y perdidas.

Para entender bien el mensaje de las parábolas que hoy nos ofrece Jesús, tenemos que darnos cuentan que van dirigidas hacia las personas más necesitadas de atención y acogida es conveniente que nos fijemos en el por qué expone Jesús estas parábolas. Los publicanos y pecadores escuchaban a Jesús y Jesús se encontraba a gusto entre ellos, les hablaba del reino de Dios y les animaba a la conversión.

Los fariseos y escribas consideraban a los publícanos y pecadores como enemigos y contrarios a la ley judía y en consecuencia, como enemigos del reino de Dios y además escuchaban el mensaje de Cristo con prejuicios, lo que no sucedía con los publicanos y fariseos, ellos abrieron su mente y su corazón al mensaje de Cristo.

La intención del Evangelista Lucas es manifestar la ternura de un Dios que nos invita a estar a su lado. Dios Padre refleja en su rostro los rasgos de la vida. El da vida a aquellos que, libremente, deciden seguirle.

Dios Padre nos da vida porque es Amor. Habitar en la casa del Padre es gozar de la misericordia y el cariño de Dios. Lejos de la casa del padre no hay vida verdadera, sino desgracia y muerte. El discípulo que decide volver al buen camino, allí goza de la profundidad de la vida.

El Padre lo acoge y de alguna manera, vuelve a engendrarlo. La acogida paternal y amistosa del Padre nos devuelve la certeza de sentirnos queridos y nos rehabilita como personas. A quien le falta el amor que presupone el encuentro personal con el Dios que nos da vida.

Muchas de las veces por vivir demasiados ocupados en las cosas de este mundo, nos olvidamos de que Dios es rico en misericordia.

Tenemos que reconocer que cuando el corazón humano es invadido por la soberbia, nos viene negada la humildad de dejarnos amar tiernamente por Dios, otro elemento es la insensibilidad y la dureza de corazón, lo cual nos aparta del amor de Dios, preferimos al breve placer que da la trasgresión a la solidez del sentimiento fuerte y amoroso dirigido hacia nosotros por el irrefrenable amor de Dios por todos y cada uno de nosotros.

Volvamos al Padre, dejemos nuestro orgullo y nuestra arrogancia y El nos recibirá con los brazos abiertos. Si nos acercamos a Él con arrepentimiento, tengamos la certeza que Dios nuestro Padre misericordioso nos recibirá y hará una grande fiesta para nosotros, porque estábamos perdidos y nos ha recuperado.

Así nos daremos cuenta que vivíamos en las tinieblas y que hemos regresado a vivir en la luz, en esa luz sin fin que no se apaga jamás. Amén!

Año C: P20 XV DOMINGO DESPUÉS DE PENTECOSTÉS

La Palabra de hoy nos invita a reflexionar sobre nuestra relación entre las cosas de este mundo y las del cielo. La colecta de hoy nos dice: "Concede, oh Señor, que no nos afanemos por las cosas terrenales, sino que amemos las celestiales, y aun ahora que estamos inmersos en cosas transitorias, haz que anhelemos lo que permanece para siempre".

Esta oración nos invita a orar unos por otros para colaborar en la obra de Dios. San Pablo es el gran maestro de la vida cristiana. Que ha mostrado como nadie la riqueza del interior oculto del cristiano. Es el maestro de la oración y del camino de la fe. El mismo nos dirá hoy que es "anunciador y apóstol, maestro en la fe y verdad".

Lo que Dios quiere es la colaboración de los creyentes en la gran tarea de la salvación, convirtiéndonos en cierta medida en mediadores de esta obra redentora. Esta es la misión universal de la Iglesia que tiene la misión de anunciar a todos la salvación y de preparar el camino. Así somos solidarios con Cristo, que se entregó generosamente para salvar a todos los hombres y mujeres de buena voluntad.

Tenemos que ser consientes que todos y cada uno de nosotros hemos de rendir cuentas ante el Señor de toda nuestra vida, hemos de entregar un balance de nuestra gestión y según sea el resultado, así será la sentencia que el Juez supremo dicte en aquel día definitivo. A lo largo de nuestra vida vamos recibiendo bienes de todas clases, materiales y espirituales, vamos disponiendo de meses y de años, de horas y de minutos.

Son dones que Dios nos concede para que los negociemos, para que los aprovechemos en orden a nuestro beneficio y al de los demás. Con la ayuda de lo alto podemos, y debemos, transformar todos esos bienes terrenos en gloria eterna, conseguir que un día el divino Juez se llene de alegría al decirnos que nos hemos portado bien y que merecemos un premio inefable y eterno.

Qué astuto era aquel administrador infiel, qué afán ponía en sus asuntos, cuánto se jugaba por solucionar sus problemas. El Señor da por supuesto lo inmoral de su conducta, pero reconoce al mismo tiempo la eficacia de su actuación, la inteligencia de que hizo alarde para salir de su apurada situación.

Compara esa manera de proceder de pícaro la actuación de los que son buenos. Y concluye que los hijos de las tinieblas son más astutos en sus asuntos que los hijos de la luz en los suyos. A pesar de que lo que persiguen los primeros son sólo unos bienes caducos, mientras que los que alcanzan los hijos de Dios son unos bienes superiores e imperecederos.

De todo ello se concluye que hemos de poner más empeño y más cuidado en nuestra vida de cristianos, que hemos de luchar dispuestos a cuantos sacrificios sean precisos por lograr que el amor de Cristo, su paz y su gozo se extiendan más y más entre la humanidad. No nos dejemos ganar por los que sólo buscan su provecho personal y el logro de una felicidad pasajera y aparente, pongamos cuanto esté de nuestra parte para que el Evangelio sea una realidad viva en nuestro mundo.

Termina el pasaje evangélico con una sentencia de enorme valor práctico: quien es fiel en lo poco, también lo será en lo mucho. Se subraya así la importancia de las cosas pequeñas, lo decisivo que es ser cuidadoso en los detalles, en orden a conseguir la perfección en las cosas importantes.

En efecto, quien se esfuerza por afinar hasta el menor detalle, ese logra que su obra esté acabada, evita la chapuza. Es cierto que para eso es preciso a veces el heroísmo, una constancia y una rectitud de intención que sólo busca agradar a Dios en todo. Pero sólo así agradaremos al Señor y nos mantendremos siempre encendidos, prontos y decididos a cumplir el querer divino.

En él se alaba la actitud del hábil gerente que mira al futuro y lo prevé sabiendo negociar con su actual situación. Esta es la actitud que Jesús pide al que emprende el camino del evangelio. Pero la astucia del discípulo en Jesús no consiste en prepararse una salida airosa en lo económico, sino en renunciar a los bienes materiales para entrar en el reino de Dios.

Abandonando los bienes aquí, por el reino, se está ya actuando con una mentalidad evangélica. Palabras claras para actitudes valientes. La prueba de fuego viene a ser la actitud ante los bienes o, dicho de otro modo, la confianza en Jesús y su palabra.

En la realidad que nos toca vivir andamos demasiado pendientes de estar a bien con los negocios, con los bancos, con los amigos o con los enemigos pero no siempre hacemos balance de cómo está nuestra relación con Aquel que nos creó, con Aquel que nos hizo sus hijos por el bautismo.

EL RENACER DE LA ESPERANZA

Qué bueno sería que, en esta celebración, nos preguntásemos: ¿Somos astutos o prudentes con todo lo relativo a Dios? ¿Lo tratamos con dignidad? ¿Estamos interesados en su reino o, por el contrario, somos muy interesados de cuando en vez? ¿Procuramos ajustar nuestra vida, nuestra conducta, nuestras actitudes con el evangelio?

El Señor no pide imposibles. Tal vez, la mayoría de nosotros, no tengamos una gran empresa, ni seamos doctos o ni tan siquiera poseamos un remunerado puesto profesional pero, el Señor, nos ha concedido talentos, aptitudes, mentes prodigiosas, corazones rebosantes de afecto o manos inclinadas al bien que pueden dar el ciento por uno allá donde nos encontremos.

¿Seremos tan necios de no ponerlo al servicio del Señor? ¿Podrá más la astucia que la prudencia a la hora de volcarnos en pro de la construcción del reino de Dios?

No existe un mundo sin dinero y está claro que a todos nosotros, en mayor o menor cantidad, nos toca administrar dinero. Proceder adecuadamente con el dinero nos asegurará que somos capaces de administrar con justicia esos otros dones de la vida, como pueden ser el amor, la solidaridad, la sabiduría, etc.

Todo ello dirigido al bien común. Porque sería cobarde como en el caso de la parábola de ese otro amo que confía grandes cantidades en custodia a sus siervos, que por miedo, las guardáramos en un agujero y queden improductivas para siempre.

La cobardía o el miedo jamás debe frenar ninguna acción nuestra y mucho menos inspirarla. Pero en fin, apuntemos, asimismo que habla de vil dinero y de la palabra vil el diccionario de Real Academia Española de la Lengua da los siguientes significados: bajo, despreciable, indigno, torpe, infame.

La advertencia es más que suficiente porque a muy pocos de nosotros nos parece que el dinero sea así. Y sin embargo lo es, porque lo dice Jesús. Amén!

Año C: P21 XVI DOMINGO DESPUÉS DE PENTECOSTÉS.

La simbiosis de las lecturas de este domingo es muy estrecha en el momento en el que nos invitan a meditar en cómo ganarnos la misericordia de Dios para poder gozar de la gloria del Padre preparada para todos los hijos fieles y no tener que sufrir las penas de las que nos habla el Evangelio.

San Pablo en la Primera Carta a Timoteo anima a la práctica de varias virtudes: la justicia, la piedad, la fe, el amor, la paciencia, la delicadeza. Es muy importante ver como la primera de todas es la justicia, porque tenemos que ser consientes que sin justicia, la caridad el amor, la piedad y toda virtud sin la justicia pueden caer en la falsedad.

La fe que no se traduce en obras está muerta, la paciencia y la delicadeza no son enemigas de la denuncia y del compromiso de solidaridad con las personas que más necesitan de nuestra ayuda.

Es San Lucas un relator del amor a los hermanos y por tanto, de la necesidad de una mayor equidistancia en cuanto a poder y riquezas respecto a ellos. Pero en la parábola del pobre Lázaro hay mucho más que ese camino de justicia referido a las necesidades de los hermanos que nos pide el seguimiento de Cristo. Aparece el diálogo entre lo cotidiano y el más allá. El rico Epulón pide al padre Abraham que descienda un muerto para que convenza a sus hermanos de que tomen el camino adecuado. Abraham va a contestar que no creerán a un resucitado y, ciertamente, así va a ser.

La Resurrección de Cristo sirvió para impulsar el camino de la Iglesia, la continuidad en la Redención de sus discípulos. Pero aquellos que le condenaron, le torturaron y le asesinaron iban a quedar donde estaban. No se convirtieron en su gran mayoría. Es cierto que el Señor no buscó aparecerse a todos y lograr sobre el Israel de entonces una generalizada y maravillosa manifestación del poder de Dios.

La parábola del rico Epulón y el pobre Lázaro no es cosa del pasado, es de lo más actual, sólo que multiplicados los Lázaros por millones y en situación más hiriente y escandalosa. Este amor preferencial, no puede dejar de abarcar las inmensas muchedumbres de hambrientos, mendigos, sin techo, sin cuidados médicos y sobre todo, sin esperanza de un futuro mejor, no se puede olvidar la existencia de esta realidad. Ignorarlo significaría parecemos al "rico Epulón", que fingía no conocer al mendigo Lázaro, postrado a su puerta.

Por nuestra fe que profesamos, jamás tenemos que dejarnos de conmovernos ante la miseria y la injusticia. En el banquete de la creación no se excluye a nadie y se respeta la dignidad de cada ser humano. El grito de los que están fuera apenas se escucha. Los que están fuera gritan cada vez menos, porque no tienen ya fuerzas, y mueren por miles cada día a causa del hambre y la miseria.

Muchas de las veces nos hemos convertidos tan insensibles que todos los lamentos de los más necesitados no nos llegan, no llega al corazón, o llega ahí sólo por un momento. Lo primero que hay que hacer, respecto a los pobres, es por lo tanto romper el doble cristal, quitar todo lo que nos impide ver la triste realidad de nuestros hermanos y hermanas que sufren, tenemos que abrir nuestros corazones y superar la indiferencia, la insensibilidad, echar abajo las barreras y dejarse invadir por su grito y auxilio. Los pobres no son un número, tienen nombre y apellido.

Urgentemente tenemos que instaurar en nuestro mundo la civilización del amor y de la solidaridad. Hoy a escala mundial hay naciones con grandes riquezas y otros muchos pueblos hambrientos. El apego a los bienes de este mundo corrompe el corazón del hombre y destruye toda posibilidad de sentido fraternal. Por eso, no basta redescubrir el valor de la pobreza, sino que es preciso abrirse a la solidaridad con los demás.

Es algo comprobado y comprobable que en todas las sociedades que hemos conocido y nosotros conocemos siempre ha habido y hay ricos y pobres. Ricos y pobres en dinero, en poder, en salud y enfermedad, en su situación social y humana en general. Nosotros no decimos que esto, por desgracia, vaya a cambiar de la noche a la mañana.

Lo que los discípulos de Jesús decimos es que nosotros debemos hacer lo posible para que esto deje de ser así, o que lo sea cada día un poco menos. Y lo decimos porque esto es lo que Jesús de Nazaret predicó desde el primer momento en que apareció en Galilea predicando el evangelio del reino de Dios.

Jesús de Nazaret, al optar por los pobres, pecadores y marginados de la sociedad en la que él vivía, lo que hacía era mostrar el corazón misericordioso de Dios que se alegra más por la recuperación del hijo perdido, que por la bondad legal del hijo que nunca se había ido de la casa paterna.

Eso es lo que tenemos que hacer los cristianos: optar por los pobres, para que estos puedan vivir cada día con un poco más de dignidad. Optar los por pobres es optar por una riqueza compartida, por una vida en sobriedad solidaria, por una sociedad en la que la justicia social sea una virtud primera e indiscutible. Que los Epulones vean a los Lázaros de la sociedad en la que viven no sólo para aprovecharse de ellos, cuando los necesitan, sino para ayudarlos cuando los ven necesitados.

Parece evidente que muchos ricos se han hecho ricos a costa del esfuerzo, del trabajo y de la explotación de los pobres, lo cual es algo totalmente antievangélico, contrario al comportamiento de Jesús. Los cristianos de hoy debemos ser los primeros en defender una justicia social evangélica, optando por una sociedad cristiana en la que la distancia entre ricos y pobres sea cada día menor y en la que los Epulones y los Lázaros se vean y se ayuden mutuamente, más como hermanos que se necesitan, que como enemigos que se autodestruyen.

Esto es, repito, lo que predicó Jesús de Nazaret en una sociedad en la que la desigualdad social entre ricos y pobres era grandísima y escandalosa y si esto es lo que hizo Jesús de Nazaret en su vida, esto es, necesariamente, lo que debemos hacer los cristianos de hoy. Amén!

Año C: P22 XVII DOMINGO DESPUÉS DE PENTECOSTÉS

¿Hasta cuándo clamaré, Señor, sin que me escuches? Los profetas del Antiguo Testamento expresan muy bien, en un momento determinado de derrota y opresión de su pueblo, las dudas y preguntas que se hacían muchos fieles israelitas: ¿con quién está nuestro Dios, con su pueblo, o con los opresores de su pueblo?
Es una pregunta que también se hacen ahora algunos cristianos, cuando miran la situación social y moral de muchas personas y pueblos de la tierra: ¿es que Dios no puede hacer nada para que termine tanta injusticia y tanto mal como hay en nuestro mundo? La respuesta hoy tiene que ser la misma que el Señor, por boca de los profetas, dio entonces a su pueblo: "la visión espera su momento, se acerca su término y no fallará; el injusto tiene el alma hinchada, pero el justo vivirá por su fe".

Los tiempos de Dios no son nuestros tiempos y al final, la fe del justo triunfará sobre la hinchazón y arrogancia del injusto. Entre tanto, nosotros debemos seguir viviendo de nuestra fe, de una fe operante y llena de buenas obras. Esto, en muchos momentos, será muy difícil, pero no puede ser otra la actitud de una persona creyente y que confía en Dios. Hagamos nosotros todo lo que podemos y sabemos hacer por el bien y la justicia y confiemos en que Dios, al final, impondrá una verdadera justicia sobre la tierra.

Las tres lecturas de este domingo nos hablan de la necesidad de la fe en nuestra relación con Dios. Pero ya los apóstoles sabían que no era fácil mantener siempre viva una fe operante y fuerte y le pedían anhelantemente al Señor que les aumentara la fe, tener fe en Dios es fiarse de Dios y esto, en determinadas ocasiones de la vida, puede hacérsenos muy difícil.

Sería importante que reflexionemos sobre el contenido de nuestra fe, cuando decimos que debemos fiarnos de Dios. ¿De qué Dios hablamos? Los cristianos creemos y nos fiamos del Dios de nuestro Señor Jesucristo; por eso, cuando nosotros le pedimos al Señor que nos aumente la fe, debemos de pedirle al mismo tiempo que purifique nuestra fe y nuestra confianza en el Dios de Jesucristo. Así nuestra fe cristiana terminará siendo un verdadero encuentro e identificación con el Dios de Jesús.

Dios no nos ha dado un espíritu cobarde, sino un espíritu de valientes, amor y buen juicio. El ejemplo de un san Pablo prisionero y a punto de ser ejecutado puede y debe ser un ejemplo para nosotros, cuando experimentemos momentos de dificultad y angustia ante los sufrimientos personales y sociales, tengamos confianza en que los aprietos y dificultades que padecemos ahora se verán recompensados después por un Dios que siempre termina haciendo justicia a los que, por amor a él, con energía, amor y buen juicio luchan contra el mal y la injusticia. Así lo hizo san Pablo y Dios no le falló.

Auméntanos la fe, dicen los Apóstoles al Señor. Es una súplica que recuerda la de otro personaje evangélico que ansía la curación de un ser querido y al sentirse sin la fe suficiente, exclama: "Señor, yo creo, pero aumenta mi fe". Se desprende de todo esto que la fe es, sobre todo, un don de Dios que hay que pedir con humildad y constancia, confiando en su poder y en su bondad sin límites.

Por eso, la primera consecuencia que hemos de sacar del pasaje evangélico de hoy es la de acudir con frecuencia a Dios nuestro Señor, para pedirle, para suplicarle con toda el alma que nos aumente la fe, que nos haga vivir de fe.

Es tan importante la fe, que sin ella no podemos salvarnos. Lo primero que se pide al neófito que pretende ser recibido en el seno de la Iglesia es que crea en Dios, Uno y Trino. El Señor llega a decir que quien cree en él tiene ya la vida eterna y no morirá jamás. San Juan dirá en su Evangelio que cuanto ha escrito no tiene otra finalidad que ésta: que sus lectores crean en Jesucristo y creyendo en él, tengan vida eterna.

San Pablo también insistirá en la necesidad de la fe para ser justificados y así nos dice que mediante la fe tenemos acceso a la gracia.

La fe de la que nos hablan los autores inspirados es una fe viva, una fe auténtica, certificada por una conducta consecuente. Santiago en su carta dirá que una fe sin obras es una fe muerta. El mismo san Pablo habla también de la fe que se manifiesta en las obras de caridad, en el amor verdadero que se conoce por las obras, no por las palabras.

Podríamos decir que tan importantes son las obras para la fe, que cuando no obra como se piensa, se acaba pensando cómo se obra. En efecto, si no actuamos de acuerdo con esa fe terminamos perdiéndola.

La fe, a pesar de ser un don gratuito, es también una virtud que hemos de fomentar y de custodiar. El Señor que nos ha creado sin nuestro consentimiento, no quiere salvarnos si nosotros no ponemos cuanto podamos de nuestra parte. De ahí que hayamos de procurar que nadie ni nada enturbie nuestra fe.

A la petición de los Apóstoles responde el Señor hablándoles del poder de la fe, capaz de los más grandes prodigios. Con un modo hiperbólico subraya Jesús la importancia y el valor supremo de la fe.

En efecto, quien cree es capaz de las más grandes hazañas, no temerá ni a la vida ni a la muerte, verá las cosas con una luz distinta, vivirá siempre sereno y esperanzado. Pidamos al Señor que nos aumente la fe, luchemos para mantenerla íntegra, para vivir y hacer todo en el nombre del Dios amor. Amén!

Año C: P23 XVIII DOMINGO DESPUÉS DE PENTECOSTÉS

Todos nosotros dependemos esencialmente primero de Dios que nos ha creado, nos ha llamado a la existencia, nos da la salud, nos da el aire, el agua, una casa maravillosa donde gozar y admirar su creación. Pero también dependemos de los demás. Esta doble dependencia es la que ha consagrado el Señor con el doble mandamiento de amar a Dios y al prójimo.

Viviendo en una sociedad que cambia a gran velocidad podemos decir que nos sentimos todos amargados. Unos pensando en que lo nuestro fue mucho mejor, que lo actual no es civilización sino salvajismo y los otros despreciando todo lo que huele a antiguo como si los anteriores a ellos no hubieran hecho nada bueno jamás y metidos en esa mutua recriminación no tenemos ojos para ver la estrecha intercomunicación que hay entre nosotros y lo que nos debemos unos a otros.

Recordemos siempre que todo lo hemos recibido gratis, pero en esta sociedad pragmática en la que nos ha tocado vivir se valora a la persona sólo por lo que tiene: "tanto tienes, tanto vales". Y además, se supone, que todo lo que tienes lo has conseguido por méritos propios, gracias al esfuerzo que has puesto. Parece que "todo nos es debido". No se valora una cosa hasta que la perdemos, ocurre con la salud y con otros bienes a los que "tenemos derecho".

Esto puede observarse en ciertas actitudes de los niños y jóvenes con respecto a sus padres. Es la cultura de la "exigencia". Hemos perdido el sentido de la gratitud, del agradecimiento. A nivel de nuestra práctica religiosa es más frecuente pedir que dar gracias.

Recuperemos la actitud de agradecimiento. No olvidemos que Eucaristía significa "acción de gracias". Por eso nos reunimos todos los domingos, para agradecer a Dios el don de nuestra fe. Pues ¿qué tienes que no hayas recibido?

Jesús es un peregrino y a lo largo de ese caminar, el Señor enseña a cuantos le siguen; cura y sana a los enfermos que acuden a él. La fama de su poder y compasión era cada vez más grande. En el pasaje que contemplamos son diez leprosos los que se acercan cuanto pueden, más quizá de lo permitido, para implorar que los sane de su repugnante enfermedad.

Exclamación angustiada y dolorosa, súplica ardiente de quienes se encuentran en una situación límite, oración vibrante y esperanzada, que solicita con todas las fuerzas del alma que sus cuerpos se vean libres de aquella podredumbre.

La lepra viene a ser como un símbolo del pecado, enfermedad mil veces peor que daña al hombre en lo que tiene de más valioso. En efecto, el pecado corroe el espíritu y lo pudre en lo más hondo, provoca desesperación y desencanto, nos entristece y nos aleja de Dios.

Si comprendiéramos en profundidad la miseria en qué quedamos por el pecado, recurriríamos al Señor con la misma vehemencia que esos diez leprosos, gritaríamos como ellos, suplicaríamos la compasión divina, confesaríamos con humildad y sencillez nuestros pecados para poder recibir de Dios el perdón y la paz, la salud del alma, mil veces más importante que la del cuerpo.

Cristo Jesús sigue pasando por nuestros caminos, sigue haciéndose el encontradizo. Acerquémonos como los leprosos de hoy, gritemos con el corazón, lloremos nuestros pecados, mostremos nuestro arrepentimiento y nuestro deseo de no volver a pecar.

El milagro se repetirá; como los leprosos sentiremos que nuestra alma se rejuvenece, se llena de paz y de consuelo, de fuerzas para seguir luchando con entusiasmo, con la esperanza cierta de que, con la ayuda divina, podremos seguir limpios y sanos, capaces de perseverar hasta el fin en nuestro amor a Dios.

Ante este prodigio, nunca bien ponderado, de la misericordia y el poder divino, se nos llene el corazón de alegría y de gratitud, que seamos también nosotros como ese samaritano que volvió a dar las gracias al Señor por haberlo curado de tan terrible enfermedad.

Tengamos en cuenta, además, que la ingratitud cierra el paso a futuros beneficios y la gratitud lo abre. Pensemos que es tan grande el don recibido, que no agradecerlo es inconcebible, señal clara de mezquindad. Por el contrario, ser agradecido es muestra evidente de nobleza y de bondad.

Queridos hermanos y hermanas, la acción de gracias es un sentimiento interior que va más allá del mero cumplimiento de la ley y nuestra acción de gracias brota de lo que San Pablo recuerda a Timoteo en la segunda lectura: "Haz memoria de Jesucristo, resucitado de entre los muertos. Si morimos con Él, viviremos con Él. Si perseveramos, reinaremos con Él".

Jesucristo resucitado es la razón de nuestra acción de gracias. Él nos ha unido de manera solidaria a su muerte y resurrección. Es el gran regalo que Dios nos ha hecho a todos sus hijos. De ahí brota nuestra acción de gracias.

Así se manifestará la conversión de nuestro corazón para tener con Dios esa absurda relación entre: cuanto me das, tanto te doy, sino de un corazón inmensamente agradecido por lo mucho que ha recibido de Dios sin merecerlo y que vive entregado al proyecto del Reino desde la alegría y la libertad, sabiendo que a Dios nunca podremos ganarle en generosidad.

La Eucaristía a la que venimos cada domingo es precisamente eso, una "acción de gracias". Venimos a "dar gracias", a darle gracias a Dios porque Jesús, muerto y resucitado, nos ha conseguido la salvación, para que podamos vivir felices para siempre. Amén!

Año C: P24 XIX DOMINGO DESPUÉS DE PENTECOSTÉS

El domingo pasado Jesús nos recordaba que tenemos que dar gracias en nuestra oración por los dones que Dios nos ofrece, hoy nos recuerda que también es bueno pedir. La verdad es que no hace falta que nos recuerde que pidamos, pues es lo que hacemos habitualmente, más difícil nos resulta dar gracias. Sin embargo, también es bueno pedir, por eso Jesús cuenta la parábola del juez inicuo para explicar cómo tenemos que orar siempre sin desanimarnos.

Al pedir reconocemos nuestra limitación y ponemos nuestra confianza en Dios. La fe sostiene nuestra esperanza y el convencimiento de que Dios está a favor nuestro, está de nuestra parte. Como dice San Agustín, "la fe es la fuente de la oración, no puede fluir el río cuando se seca el manantial del agua". Es decir, quien pide es porque cree y confía en Dios.

Pero, al mismo tiempo, la oración alimenta nuestra fe, por eso le pedimos a Dios que ayude nuestra incredulidad.

Podríamos preguntarnos ¿qué es lo que pedimos cuando rezamos? ¿Pedimos sólo para nosotros, para nuestro interés y beneficio? ¿Tenemos en cuenta las necesidades de nuestro alrededor y a los necesitados?

El Evangelio nos presenta a una pobre viuda, muy vulnerable socialmente por no tener el amparo de un hombre en una sociedad marcadamente patriarcal, pero que no deja de pedir una y otra vez. Pero, ¿qué pide la viuda? Lo que pide es justicia. Y Dios siempre está dispuesto a hacer justicia, sobre todo a los más necesitados, a los que son precisamente las víctimas de la injusticia.

Hoy el Evangelio nos enseña que orar es pedir justicia y también comprometerse para que esa justicia se aplique en las situaciones de injusticia. Y también que nuestra oración necesita una gran dosis de fe y de esperanza: fe en que Dios nos escucha y esperanza en que nos dará lo que más necesitamos.

La Eucaristía es una gran oración en la que damos gracias a Dios por Jesucristo que ha entregado su vida para hacer justicia a favor de los más necesitados de nuestro mundo, y también por todos y cada uno de nosotros, por eso "es justo y necesario" darle gracias, es "nuestro deber y salvación". Celebremos la Eucaristía y demos gracias a Dios que escucha nuestras oraciones y está atento a nuestras necesidades.

Hacemos gala de que Dios es grande y bueno. Que no hay límites en su corazón. Que, como buen Padre que es, nos concede a tiempo y a destiempo, aquello que necesitamos para vivir o seguir como hijos en el camino de la fe.

Pero ¿sabemos si la oración es grande en nosotros? ¿Si el motor de nuestra actividad humana y eclesial está sustentado en una relación de "tú a tú" con Dios o si, por el contrario, ese compromiso del día a día, ha caído en un puro activismo dejando caer el peso y toda su fuerza en nuestras habilidades, carismas, carácter, temperamento y aptitudes?

El evangelio de hoy nos urge más que nunca, a ser como esa insistente mujer que ante el juez injusto exponía una y otra vez sus necesidades con el convencimiento de que tarde o temprano se saldría con la suya. ¿De qué manera?: desde la confianza, constancia, esperanza y creyendo que Dios, siempre justo, permanece al otro lado disfrutando y escuchando nuestra plegaria. Y, por supuesto, sin perder ni la profundidad de lo que celebramos ni la creatividad para transmitirlo.

El matiz que Jesús ofrece en la parábola del juez es importante. Hay que orar y no desanimarse para que Dios haga justicia con sus elegidos. Y es que la mayoría de los desvelos que el cristiano tiene respecto al crecimiento del Reino y de la Palabra solo se traducirán en realidad con el uso continuado de la oración. El soberbio pedirá una sola vez y al no cumplirse su petición, la abandonará, molesto.

La humildad necesaria para acercarse a Dios plantea que limpiemos antes nuestra soberbia y eso se consigue con el desvalimiento, con no considerarse ni importante y mucho menos agente de la consecución de lo que pedimos.

Dios no nos olvida jamás. Él nos invita a ser perseverantes en nuestras propias luchas. De esto es lo que trata la corta parábola de la viuda insistente, leída en el Evangelio de hoy. La viuda representa a aquella persona que se siente derrotada, abandonada, olvidada por la sociedad, la familia y el país, y que, en su necesidad, no se cansa de golpear, pedir justicia e insistir hasta lograr una respuesta.

La perseverancia en la lucha es la clave del triunfo. Esta parábola nos recobra la fuerza para seguir golpeando puertas, orando, haciendo vigilias, marchas, reuniones y demandas al gobierno, a la sociedad, y al mismo Dios para que se nos abran las puertas a una vida digna y justa. También a la viuda, al forastero, al huérfano, al empobrecido y al inmigrante, Dios les da la oportunidad de vivir en plenitud.

Hoy es un día de oración; es domingo de súplica, perseverancia y fortaleza. Continuemos nuestro servicio de oración agradeciendo al buen Dios por nuestra iglesia que, como comunidad de fe, nos ayuda a crecer en la fe, para encarnar al Dios vivo que lucha con el que lucha y sueña con el que sueña; sueños de amor, de paz y justicia. Amén!

Año C: P25 XX DOMINGO DESPUÉS DE PENTECOSTÉS

Dios está con las almas que sufren. Su misericordia y su compasión le llevan a actuar a favor de los desfavorecidos y maltratados, frente a los que golpean, aplastan y humillan, aunque sea con sus formas.
La persona que es soberbia, engreída y vanidosa no encuentra el beneplácito de Dios. Sin embargo, el humilde y el que se arrepiente de sus errores, aunque sea un desastre de persona, recibe la acogida y el perdón de Dios. La justicia de Dios está en su compasión.
Jesús pone de manifiesto esta imparcialidad de Dios en el evangelio de hoy. Dos hombres entran al templo a orar. Uno entra hasta dentro y el otro se queda prácticamente en la puerta. Uno no para de hablar de sí mismo y de sus buenas obras; el

otro no hace más que pedir perdón por sus pecados. Uno salió reconciliado con Dios; el otro, no. Porque todo el que se enaltece será humillado, y el que se humilla será enaltecido.

Al fariseo le puede el orgullo y la vanagloria al pensar que él si cumple y los demás no. El publicano llega ante Dios con la mochila de sus pecados, pero también con el reconocimiento de su incoherencia. El publicano va a cambiar de vida, el fariseo no. El perdón de Dios ha provocado en él un cambio interior, una renovación, una transformación.

Así es nuestro Dios. Así lo mostró Jesús, provocando un profundo cambio de esquemas tanto en los que lo oían como en cada uno de nosotros. El secreto de todo esto yo creo que está en confiar mucho más en el amor de Dios que en nuestras propias fuerzas y en nuestro voluntarismo.

Un gran ejemplo de todo esto nos lo propone la segunda lectura con la figura de San Pablo. Pablo descubre sus incoherencias y sus adversidades como apóstol, pero nadie puede negar que se haya entregado en cuerpo y alma al servicio del evangelio. He combatido bien mi combate, he corrido hasta la meta, he mantenido la fe.

Ahora me aguarda la corona merecida, con la que el Señor, juez justo, me premiará. Pablo pone en Dios toda su confianza y de Él recibe las fuerzas para anunciar íntegro el mensaje, de modo que lo oyeran todos los gentiles. Este texto de San Pablo a Timoteo bien podría ser un buen resumen de toda su vida.

A Dios no se le puede comprar, ni engañar, ni chantajear. No podemos pensar que somos buenos si nos dedicamos a despreciar a los demás porque no son como nosotros. Jesús nos dice que eso no está bien.

La prueba de nuestro amor a Dios es y será siempre nuestro amor a los hermanos, especialmente a los más pobres. Ahí le demostraremos a Dios nuestro buen corazón.

La parábola del fariseo y del publicano, narrada por San Lucas, plantea uno de los temas más importantes de la vida religiosa y una característica fundamental del cristianismo. Jesús aprueba la humildad y angustia del publicano, doblado por el peso de sus pecados y reprueba la actitud orgullosa y autocomplaciente del fariseo.

Y como en otros muchos aspectos del mensaje de Jesús se plantea una gran paradoja, porque, de hecho, un seguidor óptimo de la doctrina puede sentirse satisfecho de su actividad religiosa y utilizar como elemento de autoestima el esfuerzo que le cuesta ser bueno. Pero ahí aparece el gran peligro porque sin la ayuda permanente de Dios no podemos permanecer en nuestro camino de bondad.

Además, toda persona con gran experiencia en el camino religioso sabe de los cambios internos y de cómo, en cualquier momento nos desviamos del trabajo espiritual iniciado y al improviso regresamos hacia caminos que parecían terminados.

San Pablo escribe en la Epístola de hoy su testamento y se lo dirige a Timoteo. Contrasta con la pujanza y fuerza del verbo paulino de otras cartas. Pablo ya es viejo y no espera otra cosa que llegar a la meta. Es, tal vez, más humilde que en otras ocasiones y por ello, más entrañable.

"Pero el Señor me ayudó dice Pablo y me dio fuerzas para anunciar íntegro el mensaje, de modo que lo oyeran todos los gentiles. Él me libró de la boca del león. El Señor seguirá librándome de todo mal, me salvará y me llevará a su reino del cielo.

Pablo a pesar de su fortaleza, no se olvida de la ayuda del Señor. Y es que lo que evitará que entremos en caminos de valoración loca de nuestras posibilidades es no perder en ninguno de los casos la presencia de Dios. Toda la esencia de ser cristiano es vivir en presencia del Señor. Y eso solo se consigue con la oración continuada humilde. No es difícil. Lo dificultoso será, sin embargo, esa estéril soledad de nosotros mismos, enfrentada a la cálida ternura de Dios.

En la Eucaristía vemos a Jesús que se hace pobre para enriquecernos, que muere y da su vida para que todos tengamos la Vida Eterna. La Eucaristía es un momento de comunión que nos hace a todos iguales ante Dios. Aquí no valen las riquezas, ni los cargos, ni los privilegios. Aquí vale un corazón compasivo y misericordioso como el de Dios. Si de todo corazón no es así, tendremos mucho trabajo que hacer, estamos necesitados de mucha conversión, de mucha oración y mucho perdón. Pidamos que Dios nos ayude a todo ello. Amén!

Año C: P26 XXI DOMINGO DESPUÉS DE PENTECOSTÉS

A lo largo de la historia de salvación, siempre vemos el amor de Dios hacia sus criaturas, El es: clemente, misericordioso, rico en piedad, bueno con todos, cariñoso con todos sus hijos e hijas. Me imagino lo que pudo impresionar a Zaqueo, Jesús, lo miró con cariño, como un padre o una madre miran a su hijo rebelde.

Así es Dios con nosotros, Dios reprende con amor, poco a poco, dando a cada uno su tiempo para que se corrija y vuelva al buen camino. Porque, como dice la lectura del Libro de la Sabiduría, Dios es amigo de la vida y a todos perdona porque son suyos. ¡Cuánto bien haría la mirada de Jesús en Zaqueo! Este pobre hombre, se sintió por primera vez en su vida amado de verdad. Y no sólo eso, Jesús le pide hospedarse en su casa. Zaqueo se sintió honrado, pero los "perfectos" criticaban que quisiera hospedarse en casa de un pecador.

En el momento en el que Zaqueo decide dar el paso, el milagro de la conversión se da, porque Jesús con su amor entró en el corazón de este hombre y Jesús decide no únicamente quedarse en su corazón si no también en su casa.

Otra vez un publicano, en este caso con un nombre concreto, Zaqueo. Ahora no se trata de una parábola, sino de un personaje real que busca encontrarse con alguien que llene su vacío existencial. Ha oído hablar de Jesús, quiere verle en persona y no vacila en subirse a un árbol porque era bajo de estatura.

Podemos suponer el ridículo que supondría para un personaje público el subirse a un árbol. Los publicanos se habían enriquecido a costa del pueblo oprimido por los impuestos romanos, de los cuales eran recaudadores. A los ojos del pueblo eran ladrones y al mismo tiempo traidores. Sin duda, eran personajes odiados por todos, pecadores públicos.

Zaqueo se sentía profundamente vacío por su vida de pecador. El subirse a lo alto de una higuera refleja el primer proceso de la conversión, es similar al "se puso en camino" del hijo pródigo. Para salir del fango hay que querer salir y hacer algo, sea dar un paso o subirse a un árbol.

¿Qué pasó en el corazón de Zaqueo para que se produjera en él un cambio tan radical que estuviera dispuesto a dar la mitad de sus bienes a los necesitados? Pues, simplemente que le inundó el amor misericordioso de Jesús. Zaqueo recibió a Jesús en su corazón y Jesús viendo su corazón abierto le dice: Zaqueo, apresúrate a bajar, pues conviene que yo me quede en tu casa. Gran dicha consideraba él ver a Cristo.

Quien tenía por grande e inefable dicha verle pasar, mereció inmediatamente tenerle en casa. Se infunde la gracia, actúa la fe por medio del amor, se recibe en casa a Cristo, que habitaba ya en el corazón. Zaqueo dice a Cristo: Señor, daré la mitad de mis bienes a los pobres y si a alguien he defraudado le devolveré el cuádruplo.

He aquí, en verdad, en qué consiste recibir a Jesús, recibirle en el corazón. Allí, en efecto, estaba Cristo; estaba en Zaqueo y por su inspiración se decía a sí mismo lo que escuchaba de su boca. Es lo que dice el Apóstol: Que Cristo habite en vuestros corazones por la fe.

Todos podemos reorientar nuestra vida. Quizá necesitamos un toque de atención, la cercanía de una mano amiga, un impacto especial o una experiencia trascendente.

Debemos ser buscadores de Dios, como lo fueron san Pablo, san Agustín, y todos los santos. Dios quiere que le busquemos y cuando nos ve correr a su encuentro es él mismo el que se adelanta a encontrarnos. El encuentro con Dios no es un encuentro físico, sino un encuentro espiritual, de afecto de amor sin límites y un encuentro donde la base de todo es la humildad, porque el que se humilla será ensalzado.

Cuando nos dejamos encontrar así por Dios, Dios nos convierte, nos hace suyos. Pero lo más sorprendente para nosotros, en este caso, es la reacción tan espontánea de Zaqueo, cuando ve a Jesús alojado en su casa: lo primero que hace es acordarse de los pobres.

Es este un ejemplo maravilloso para nosotros, cuando comulgamos con Cristo, saber que estamos también en comunión con los hermanos más necesitados. Mi comunión con Cristo nunca es un acto individual, que se queda entre Cristo y yo, porque eso no sería comulgar con el Cristo total, que es toda la Iglesia, en la que hay siempre muchos pobres.

Alguno de nosotros podrá decir: ¡pero yo también soy pobre económicamente! No se trata sólo de pobrezas económicas que se puedan remediar con dinero, hay otras muchas pobrezas, como también hay otras muchas maneras de ayudar, con nuestra oración, con nuestra compañía, con nuestro trabajo, con nuestra disponibilidad, con nuestro amor, misericordia y compasión.

Si nos sentimos profundamente en comunión con Dios, seguro que encontramos alguna manera de entrar en comunión con los hermanos y hermanas que nos necesitan. Cada vez que comulguemos en nuestras eucaristías, acordémonos de comulgar los pobres.

La vocación de todo cristiano es imitar, en la medida y proporción de sus posibilidades, a Cristo. San Pablo decía y repetía que ya era Cristo el que vivía en él, él se consideraba totalmente identificado con Cristo. Pues esa es también nuestra vocación, la vocación de todos los seguidores de Cristo.

Esta vocación debemos realizarla en nuestra vida diaria, en nuestro diario vivir, no sólo en nuestra oración, o en nuestra vida interior, mística y espiritual. Que las personas que nos ven y nos tratan, nos vean como auténticos seguidores de Jesús. Sólo así, Cristo será glorificado en nosotros. Amén!

Año C: P27 XXII DOMINGO DESPUÉS DE PENTECOSTÉS

Que Jesucristo, nuestro Señor y Dios, nuestro Padre, les de consuelo internamente y les de fuerza para toda clase de palabras y de obras buenas. Cuando se escribe esta carta, la comunidad de Tesalónica estaba sufriendo serias dificultades, por lo que el autor de la carta les pide a los fieles cristianos que tengan constancia en su fe en Cristo.

Podríamos muy bien entender estas palabras de esta segunda carta a los Tesalonicenses como palabras dirigidas también a nosotros. Porque también hoy nosotros tenemos dificultades para mantener viva nuestra fe en Cristo. En muchas partes del mundo nuestra fe sufre verdadera persecución y en otras muchas partes sufre verdadera indiferencia.

Debemos pedir fuerza interior y exterior a Dios nuestro Padre y a Jesucristo, nuestro Señor, para seguir constantes en la fe y para no perder nunca el consuelo y la confianza interior. Así se lo pedimos hoy desde aquí a nuestro Señor y Redentor.

Nuestro Dios, no es un Dios de muertos, sino de vivos; porque para El todos están vivos; la pregunta con la que los saduceos querían dejar en ridículo a Jesús, suponía dos cosas: la primera, que ellos no creían en la resurrección de los muertos y la segunda, que pensaban que Jesús tenía un concepto totalmente equivocado de lo que realmente era la resurrección.

Jesús no creía que los que resucitan vayan a vivir en la otra vida como habían vivido en esta. En la otra vida no hay tiempo, ni espacio y consecuentemente, el que vive en la eternidad, ya no puede morir nunca, porque allí no habrá ni un antes, ni un después, todo es un eterno ahora.

Dios está siempre vivo, porque la esencia de Dios es ser: eterno e inmortal. Toda persona que practica conscientemente una religión, cree en la resurrección. Creer en la resurrección es una cuestión de fe, no es producto de un argumento racional y empírico. Lo que está claro es que los que creemos en la resurrección creemos que Dios es un ser vivo, eternamente vivo y que da y otorga vida a los que creen en él.

Si resucitamos en Dios, en el ser eternamente vivo, resucitamos para siempre, viviremos para siempre. Los cristianos creemos en la resurrección de los muertos como creemos en los demás misterios de la religión cristiana. Los misterios se creen, no se explican empíricamente. Alabemos a nuestro Dios, un Dios de vivos y eternamente vivo, confirmado por nuestra fe en la resurrección.

Cuando se es joven, o se tiene buena salud, el fenómeno de la muerte parece algo muy lejano. Tal vez, la muerte de un ser querido nos acerca más a esta realidad. Más adelante, cuando los años pasan la mayor posibilidad de que se termine el tiempo de estar en este mundo, nos abrirá una mayor cercanía o familiaridad con ese hecho, pero mucha de la veces esta familiaridad se transforma en espanto. Si, además, se está lejos de cualquier planteamiento trascendente, la muerte es como un final absoluto de terribles consecuencias. Pero, si por el contrario, estamos cerca de Dios, comenzaríamos a entender que es solo un paso hacia otro tipo de vida.

El Evangelio de este domingo sitúa la gran esperanza que nos da Jesús respecto al mundo futuro. Seremos como ángeles y es una promesa fehaciente que abre todo un camino de esperanza y por ello, parece que nuestra meditación solo puede incidir en la aceptación de la muerte como un tránsito hacia una vida mejor.

Cristo con su resurrección nos ha enseñado como será después de la muerte, porque El es nuestro camino, nuestra verdad y nuestra vida. A partir de la resurrección de Cristo se cumplen las promesas de la vida eterna. Cuando también nosotros resucitaremos seremos iguales a los ángeles. La promesa del Señor está clara y ante ella la muerte no nos debe asustar.

Humanamente, el tema de la muerte no nos es indiferente y siempre nos causa inquietud, lo logra entender únicamente quien es bendecido con el don de la fe y luego una fe alimentada con la oración, la lectura y meditación de la palabra de Dios.

La muerte nos llegará a todos y nuestra esperanza está en el paso a una vida mejor. Pero gracias a la fe y a las promesas que Cristo nos ha hecho, no moriremos jamás, seremos eternos y eternas como nuestro Padre Dios lo es.

Nuestra transformación será de permanencia absoluta en el tiempo y el espacio, es esto lo que nos da la resurrección gloriosa. Tal vez, algunos de nosotros no seamos capaces todavía de pensar en dicha transformación, pero algunos ancianos con fe, saben que su cuerpo deteriorado será un día como el de los ángeles, pleno de belleza.

La vida que nos ofrece Jesús de Nazaret no termina con la destrucción del cuerpo. Es una vida eterna en un ámbito pleno de luz, con un cuerpo glorioso y en presencia del rostro del Señor. Nuestra esperanza está en ver el rostro luminoso de Nuestro Señor. Amén!

Año C: P28 XXIII DOMINGO DESPUÉS DE PENTECOSTÉS

En este domingo, Dios por medio de la Sagrada Escritura, recuerda a sus hijos e hijas, que todo tiene un fin y que todo llegará a su final, nos hace caer en cuenta de que todo pasa, de que vendrá un día en el que caerá el telón del gran teatro de la vida, día terrible, día de lágrimas, día de desesperación total.

Delante de este cuadro tremendo que hoy la liturgia de la palabra nos presenta, nuestro corazón se angustia y todo nuestro ser se acongoja al solo pensar que este nuestro maravilloso mundo puede derrumbarse estrepitosamente.

Bien consientes somos, del potencial destructivo de las catástrofes naturales o del potencial de destrucción de las armas atómicas y químicas que la arrogancia del ser humano han construido.

Queridos hermanos y hermanas, pero la intención de Dios por medio de su palabra en ningún momento quiere asustarnos ni mucho menos trata de controlar nuestro comportamiento con terribles cuentos de miedo, o con narraciones aterradoras de ciencia ficción.

Dios nos habla con lealtad y como alguien que nos ama entrañablemente, nos avisa del riesgo que corremos si continuamos metidos en el pecado, si los perversos, los duros de corazón se encaprichan en vivir de espaldas a Dios.

Dios quiere que vivamos serenos, que seamos felices, optimistas, llenos de esperanza, respondiendo siempre con generosidad al divino amor.

Por tanto el centro de nuestra meditación hoy tiene que llevarnos a una toma de conciencia del ser "piedras vivas", ser instrumentos activos en la construcción del Reino de Dios. La propuesta del Evangelio es, el tratar de reconocer que cada uno de nosotros somos constructores de paz, de justicia y felicidad para todos; por ende, todos y cada uno de nosotros somos importantes en la tarea de construir un mundo, una sociedad, una comunidad donde realmente reine Cristo. Se trata de tomar conciencia de que "el Reino de Dios está dentro de nosotros" porque El ha infundido su espíritu en nuestro ser.

Con frecuencia escuchamos amenazas graves que nos desestabilizan en nuestro modo de vivir: problemas de salud, crisis familiares, conflictos sociales, guerras, pobreza, etc.

Delante de estas situaciones de grave crisis mundiales y personales, tengamos siempre presente las palabras que pronuncia Jesús en el evangelio de hoy: "No tengáis pánico".

Esto tiene que ser el centro de nuestra meditación hoy, no tenemos que en ningún momento dejarnos agobiar por el miedo.

Para los hombres y mujeres de fe la Providencia es la incesante actividad del Creador, que dirige todos los acontecimientos y orienta la historia humana hacia su plenitud al final de los tiempos.

Ahora bien, el reconocimiento de esta presencia de Dios, en ningún momento anula nuestra libertad. Dios da el impulso inicial a este mundo, Dios nos acompaña, Dios nos ofrece su gracia, Dios nos invita pero jamás nos impone.

En ningún momento somos marionetas en manos de una fuerza ciega sino que somos hijos e hijas de un Padre infinitamente amoroso que nos invita incansablemente a mirar más allá de las simples cosas terrenales.

Nosotros con nuestra libertad podemos decir SÍ o podemos decir NO. Por parte de Dios, su fidelidad es incondicional.

Al salir de esta eucaristía dominical, pidámosle a Dios que consolide nuestra confianza en Él, pues las crisis que nos golpean, semejantes a los terremotos, nos hacen entrar en pánico. El Dios que nos creó por amor y que nos ha enviado a su Hijo para que sea nuestro compañero de camino no nos dejará abandonados en la mitad de la noche.

De aquí que "todo aquel que se siente en esta Mesa, todo aquel que participa del banquete celeste, está invitado a ser levadura y luz para quienes viven en las tinieblas de la mediocridad y del pecado.

El mensaje de hoy es un mensaje de esperanza, el juicio será para la salvación, no para la condena. Ya, el mundo está demasiado lleno de agobios, problemas y crisis, nosotros los cristianos tenemos que ser portadores de esperanza y perseverar hasta el final, confiando siempre en el Señor. Mientras tanto, nos invita a no quedarnos con los brazos cruzados, esperando el fin del mundo como les ocurría a los fieles de la iglesia de Tesalónica. San Pablo como ayer a ellos, hoy a cada uno de nosotros nos invita a trabajar incansablemente por el Reino de Dios.

Es así como Dios nos quiere ver, siempre personas esperanzadas y esperanzadoras, conscientes de nuestra misión, la de transformar este mundo hasta convertirlo en el auténtico Reino de Dios. Amén!

Año C: P29 XXIV DOMINGO DESPUÉS DE
PENTECOSTÉS
CRISTO REY DEL UNIVERSO

Había encima un letrero en escritura griega, latina y hebrea: "Este es el rey de los judíos". Este es el último domingo del año litúrgico y hoy la liturgia nos invita a celebrar a Cristo "Rey del universo".

Para todos los cristianos, al celebrar esta fiesta, hacemos el propósito, humilde y sincero, de hacer todo lo posible para que Jesucristo sea realmente el verdadero rey de todos los corazones humanos.

Queremos que el reino de Dios se establezca en nuestra tierra y queremos que este reino sea, con palabras del Prefacio, un reino de verdad y de vida, de santidad y de gracia, de justicia, de amor y de paz.

Cristo vino al mundo, justamente para enseñarnos el camino que nos lleva al Padre, un camino que se hace con sacrificio y con esfuerzo, siguiendo siempre la verdad del evangelio, defendiendo la vida, aspirando a la santidad, llenos de la gracia de Dios, luchando siempre y en todo lugar contra la injusticia, predicando y sembrando el amor cristiano, defendiendo la paz frente al odio, la división y la guerra.

No olvidemos que a Cristo hoy le contemplamos como Rey, mirándole clavado en una cruz, humillado y burlado. Por eso, hoy nosotros, los cristianos, hacemos el propósito de seguirle desde el sacrificio, el esfuerzo y la humildad, no desde el poder y la vanagloria humana.

Hoy, digámosle a Jesús, acuérdate de mí cuando llegues a tu Reino. Jesús murió como vivió, acordándose de los más pobres y salvando a los pecadores arrepentidos. Este fue el mensaje que quiso dejarnos a todos los que queremos seguirle.

Los cristianos, hoy, queremos estar en la sociedad como ciudadanos que se esfuerzan en servir a los demás, nuestro primer propósito no es mandar, ni dominar, es servir. Cristo predicó un reino de Dios en el que tenían un asiento especial los pobres, los desheredados, los pecadores, los enfermos.

Los cristianos, los discípulos de Jesús, no vamos contra los ricos, vamos contra la riqueza injusta y corrupta, no vamos contra los que triunfan, vamos contra el triunfo conseguido a base de artimañas y fraudes sociales. Jesús se pasó la vida predicando un bautismo de conversión y la terminó prometiendo el reino a un pecador convertido. De esta manera quiso demostrar en el último momento de su vida que él era el verdadero Rey del universo. En este sentido queremos ser también nosotros los verdaderos discípulos de este Rey.

Su reino no es de este mundo. No hay cosa que nos haga más daño que el ver que somos objeto de burla o que se ridiculiza lo que nosotros consideramos sagrado. Muchos cristianos tienen hoy día la sensación de ser perseguidos o denostados por el hecho de vivir según unos criterios y unos valores.

Jesús sufrió el escarnio y la burla en el momento del tormento de la cruz. Las autoridades hacían muecas, los soldados le ofrecieron vinagre, uno de los crucificados a su lado le insultaba. Incluso habían puesto un letrero para ridiculizarlo: "Jesús Nazareno, rey de los judíos", esto para subrayar una situación de ofensa o de humillación.

"Hoy estarás conmigo en el paraíso". Tuvo que ser precisamente un malhechor el que descubriera el reinado de Jesús, tuvo que ser en la cruz. Algunos no lo reconocieron cuando hacía milagros y él lo reconoció crucificado en un madero. Su corazón lo aceptó y su boca hizo la profesión de fe.

Jesús reina sirviendo a toda la humanidad. Su trono es la cruz, su corona es de espinas. En su reino los últimos son los primeros y los primeros los últimos. Ahora comprendemos por qué hace unas semanas nos decía el evangelio que el reino no vendrá espectacularmente, sino que está dentro de nosotros. Tú puedes ser constructor del reino si trabajas por la paz y la justicia, si eres capaz de servir como Jesús, de perdonar como Él, de luchar en favor de la vida y de la fraternidad. Cristo es la cabeza del cuerpo de la Iglesia.

La crueldad del ser humano llega en ocasiones a límites inauditos. Cuando Jesús agonizaba en la cruz, los que estaban alrededor mostraron sentimientos más de fieras que de seres humanos.

No se contentaron con vencerlo y clavarlo vivo en una cruz como un vulgar malhechor, a él que era la misma inocencia, que sólo bien hizo a los que se cruzaron en su camino, a él que sólo habló de amor y de comprensión, de generosidad y de servicio. No tenían bastante, por lo visto, con tenerlo allí colgado, desangrándose poco a poco.

Sin embargo, en la cruz se podía leer con claridad la causa de la condena: Jesús Nazareno, Rey de los judíos. Todos aquellos que deambulaban por Jerusalén y sus alrededores pudieron enterarse de lo ocurrido. Todos pudieron contemplar el patíbulo, colocado precisamente en un promontorio cercano a la ciudad. Los de habla aramea, así como los peregrinos llegados de los más remotos lugares para celebrar la Pascua, todos pudieron leer aquel "letrero", aquella especie de pancarta en donde se expresaba con brevedad la causa de la condena.

En ella se proclamaba en arameo, griego y latín el delito de Jesús de Nazaret. Él era el Rey de Israel, es decir, el Mesías profetizado desde antiguo, el Redentor del mundo, el Salvador, el Hijo de Dios. Amén!

CONCLUSIONES

Este trabajo ha sido una verdadera bendición de Dios porque me ha permitido y sobretodo me ha hecho entrar en una dimensión espiritual jamás experimentada y espero fervientemente que la misma experiencia la tengan todos los lectores de estas meditaciones dominicales.

Desde la experiencia como consagrado, muchas de las veces el preparar una homilía o sermón es toda una experiencia mística en la que el predicador: lee, medita, interpreta y aplica la palabra de Dios al momento existencial del aquí y ahora.

Es a esta misma experiencia que tiene que necesariamente llevar a todas las persona, a todas las almas de buena voluntad que entren en este mundo maravilloso del leer, meditar e interpretar la Palabra de Dios.

El Mundo actual, nuestra sociedad, para poder salir del relativismo existencial en el que se encuentra, tiene que, de manera urgente regresar a la fuente, a la fuente inagotable donde toda duda encuentra respuesta, de donde emana toda luz para iluminar las mentes y los corazones, esa luz es justamente la Sagrada Escritura.

Tenemos que necesariamente dejarnos iluminar por su luz, de lo contrario las nuevas generaciones de cristianos se encontrarán en un mundo en el cual los valores morales cristianos serán sustituidos por valores que no ayudan a crecer como hijos e hijas del Dios amor.

Sobre todo en este tiempo donde la tecnología nos invita a navegar en toda clase de contenidos, juegos, música, historias, películas, etc. Sería muy importante rescatar de las bibliotecas o de las librerías, el libro más sagrado: "La Biblia". Además de ser un lugar de encuentro con nuestro Padre Dios, nos ilustra, nos guía, nos abre caminos de verdad y nos ilumina a diario a través de su palabra.

¿Por qué entonces debemos leer la biblia? No es solo para encontrar información; Dios nos habla a través de ella, si nos hemos dado el tiempo de mirar programas en esos canales que dan documentales, seguro hemos visto cosas tituladas algo así como: "los misterios de la Biblia" o los "secretos de la Biblia". Aunque puede que los tenga, es mejor mirar a la Biblia como un texto escrito por amor, donde nos podemos dar cuenta claramente que nuestro Dios nos acompaña todos los días de nuestra vida, jamás nos deja solos, Él siempre está con nosotros, en las buenas y en las malas.

A la Biblia no debemos verla solo como un instrumento apologético, ella está llena de verdad y si la estudiamos seriamente, vamos a encontrar elementos para defender nuestra fe, pero es mejor que nos acerquemos a ella no solo para buscar buenas e ingeniosas respuestas para un debate, sino para encontrar la voz de Dios, porque Él continua a hablarnos por medio de la Sagrada Escritura.

La Biblia está escrita en clave de amor; no nos quedemos solo con los acontecimientos históricamente bélicos en donde una nación se ponía en guerra contra la otra. Tampoco nos quedemos con los castigos de parte de Dios para aquellos que no hicieron su voluntad.

Jesús nos ha venido a explicar las escrituras con su propia vida. La Palabra de Dios fue escrita para decirnos que Él nos ama y nos quiere a su lado. Tenemos que leerla como una carta de amor, no como un libro de historia; con respeto y si es de rodillas mucho mejor: Muchos de los acontecimientos que se relatan en la Biblia no son históricos, sino que están escritos en un lenguaje metafórico para darnos a entender una idea.

La Sagrada Escritura es el relato más apasionante de la historia humana, por eso lo contamos a todo el mundo. Imaginemos nada más que Dios se pone a crear todo por amor. Luego desarrolla un plan magistral, en donde el único objetivo es que a aquellos a los que creó para que fueran libres, libremente regresen a él y descubran porqué han sido creados. Todo eso, explicado a través de un pueblo escogido, matizado con incontables prodigios y asombrosos sucesos. El mismo Dios baja a la tierra para decirnos que nos ama y nos quiere de regreso y además la historia no se queda corta de signos milagrosos, prodigios y cosas solo dignas de Dios.

Por eso, porque es una buena noticia, los cristianos amamos la Palabra de Dios. Su estudio debe ser espiritual, no solo teórico: Es importante estudiarla y conocerla, pues nuestra fe tiene sus cimientos en ella, pero el que sea estudiada teóricamente no le quita lo espiritual. La "Lectio Divina" es una metodología que ayuda a muchos a poder acercarse a la Biblia de forma orante y sencilla.

El consejo más ferviente para identificarnos con la Palabra de Dios es: Leerla, meditarla, orar con ella y por último contemplar con ella. Esto no es un conjunto de buenas frases, seguramente lo podemos hacer todos nosotros.

¿Cómo está tu Biblia? ¿Es sólo un adorno en el velador o su lectura forma parte de tu vida? Debemos interpretarla con ayuda de personas preparadas y dejarse ayudar por los miembros de la comunidad de tu parroquia. Es buena idea acercarse a ella con todas las ganas posibles, pero al mismo tiempo con prudencia, pues su interpretación no siempre es cosa fácil. De hecho el que sea interpretada de forma arbitraria, es lo que condice a errores en la fe.

Por último la Sagrada Escritura nos introduce en la comunión con la familia de Dios. Por supuesto, que es precisa una lectura personal de la Biblia. Pero lectura personal no significa hacerlo fuera de la comunión de la Iglesia. En las parroquias podemos estudiar y conocer más este libro de oro, de todos los tiempos.

Es hermoso cuando la familia, la comunidad parroquial se reúne para leer, meditar y compartir la Palabra de Dios. En nuestra comunidad lo hacemos en el Estudio Bíblico de los domingos. Este momento para todos nosotros es una grande oportunidad para escuchar juntos la voz de Dios.

AGRADECIMIENTOS

En realidad este libro es una obra de toda la comunidad de la Iglesia de San Pablo dentro de los Muros de Roma, lo único que estoy haciendo es pasar a la carta las vivencias, experiencias, enseñanzas de todos y todas mis hermanos y hermanas en la fe.
Sin ustedes sería imposible haber realizado este trabajo. Todos y todas, con vuestra fe en el Resucitado me han ayudado a inspirarme y poder pasar esta maravillosa vida de fe al papel.
Por esta razón mi agradecimiento va sobre todo a la Comunidad de fe de San Pablo. En primer lugar a mi hermano en Cristo el Reverendo Austin Rios, al Consejo Parroquial, al equipo de trabajo de la Oficina, tales como: Andrea, Simonetta, Stefano y más personas que colaboran en nuestra Parroquia, agradezco a todas las almas de buena voluntad que todos los domingos nos reunimos para alabar y bendecir el Santo Nombre de Dios. Agradezco a los miembros activos de la

Comunidad Latino Americana. Todos ustedes son mi motor, son la linfa viva que alimenta día a día mi fe.

Agradezco también a todos mis hermanos y hermana en Cristo de toda la Diócesis de Europa, cada vez que el Señor me permite estar juntos en las diferentes actividades organizadas por la Diócesis de Europa, sean estos retiros espirituales, cursos varios y nuestro encuentro anual, ustedes son una verdadera bendición para mí, porque del ejemplo de fe de todos ustedes tomó fuerza y energía para seguir combatiendo mi batalla para que justamente para cuando me presente ante el Señor poder decir con San Pablo, aquí estoy Señor, he combatido bien mi batalla, he preservado mi fe.

Agradezco a mi familia, mi esposa Paula, mi hija Chiara y mi hijo Matteo por ayudarme a ser buen hijo de Dios todos los días, agradezco a mi padre, mi madre, mis 6 hermanas y 4 hermanos si bien uno me bendice desde el cielo.

Por último agradezco infinitamente a la comunidad de la Iglesia de la Resurrección de Orvieto. Desde cuando era seminarista a 19 años de edad ya tenía bien claro lo que significa trabajar en una Misión. Hoy ésta Misión de Orvieto es mi pulmón, el que me hace respirar siempre área nueva para poder alimentar mi fe en Cristo Resucitado.

Por último agradezco a Sermones que Iluminan, por darme la posibilidad de compartir mis meditaciones con todo el mundo hispano.

BIBLIOGRAFIA

La Biblia Latino americana, Ediciones San Pablo, Madrid.

Belo, Fernando. *A Materialist Reading of the Gospel of Mark* (Maryknoll, NY: Orvis, 1981).

Gonzáles, Justo L. *Mark's Message: Good News for the New Millennium* (Nashville: Abingdon, 2000).

Barclay, William, *El Nuevo Testamento comentado* (Buenos Aires, 1983).

Morgen, Michèle, *Las cartas de Juan* (Navarra: Editorial Verbo Divino, 2000).

Halley, Henry H., Compendio manual de la Biblia (Chicago: Moody, 1970).

Bravo, Carlos. Jesús hombre en conflicto; el relato de Marcos en América Latina (México, D.F.: Universidad Iberoamericana- Centro de Reflección Teológica)

Bruce, F.F., *Los Hechos de los Apóstoles*, Buenos Aires.

García, Rubén, La Iglesia, pueblo del Espíritu Barcelona.

Horton, Stanley M., *Los Hechos de los Apóstoles*, Miami.

Bonnard, Pierre. *El Evangelio según San Mateo,* Madrid.

Diez Macho, Alejandro. *La Iglesia primitiva,* Salamanca.

Jeremias, J,. *Abba: El mensaje central del N. T.*, Salamanca.

Nuovo Dizionario di Teologia, Edizioni Paoline,

ART The Anglican Theological Review, Chicago USA.

Ritual para ocasiones especiales, The Church Hymnal Corporation New York, NY 1990

El Libro de Oración Común, Administración de los Sacramentos y otros Ritos y Ceremonias de la Iglesia, New York 1989

INTERNET RESOURCES

http://www.lectionarypage.net/

https://episcopalchurch.org/latino-ministries

https://episcopalchurch.org/es/page/ministerio-latinohispano

https://episcopalchurch.org/es/sermones-que-iluminan

https://episcopalchurch.org/sermons-that-work

https://www.missionstclare.com/english/

https://prayer.forwardmovement.org/

MEDITACIONES DEL AÑO C

https://www.milanovaldese.it/riflessioni-bibliche/sermoni.php

https://www.maranatha.it/Festiv2/avvento/avvB3Page.htm

DEDICATORIA

Este hermoso trabajo lo dedico con todo mi amor a todas las mujeres de mi vida. Inicializando por mi madre, mi esposa, mi hija, mis 6 hermanas, mis primas, mis sobrinas, mis amigas y todas las mujeres que a lo largo de mi vida me han llenado de perfume mi existencia.

Mujeres simplemente maravillosas que en el diario caminar hacen de la historia un grito de libertad, de amor y de esperanza. Por vuestra presencia en nuestras vidas de hombres, solo podemos proclamar un gracias gigante y elevar los ojos al cielo y decir: ¡Gracias Señor por la vida de cada mujer, encarnación viva de tu rostro maternal! Para ustedes mujeres de mi vida que son personas soñadoras, atrevidas, complicadas, apasionadas, lindas e inteligentes.

Una mujer me trajo al mundo. Otra es mi compañera y me hace muy feliz. Mi hija me llena de ternura, muchas de ustedes me rodean y perfuman mi vida. Por eso a todas las quiero, las respeto y las admiro sin fin. Sin ustedes mujeres no existiera San Valentín, no habría Día de la Madre, no se celebrarían los cumpleaños, ya que ustedes son las que se preocupan de todo, no habría día del Padre y mucho menos día del amor. Gracias por vuestra presencia, en vuestro aroma que dejan al pasar, en cada mirada que regalan, en cada abrazo que entregan, en cada gesto de amor hacen ver que allí se manifiesta el grande e infinito amor de Dios.

Este libro lo dedico a usted mujeres de mi vida, a las cuales Dios les dio el privilegio de ser la vela que ilumina la oscuridad de los que te buscamos siempre cuando te necesitamos. A ti mujer, madre, esposa, hermana, novia, amiga, que eres fuente insustituible de la vida, apoyo esperanza y calidez para nosotros.

Gracias a ustedes por hacerme la vida más fácil, por hacer realidad mis sueños y apoyarme siempre, por vuestra eterna entrega, por el calor de vuestro corazón y por estar a mi lado en las buenas y en las malas. Les admiro Mujeres de mi vida, por vuestra fuerza, valentía, constancia y al mismo tiempo, por vuestra ternura, delicadeza y cariño. Dios les dio la bendición de haber nacido Mujeres, puso en vuestras mentes sabiduría, en vuestras almas fortaleza y en vuestros corazones ternura, sensibilidad y sentimientos.

Con estos dones que Dios les ha dado, una mujer siempre encuentra el momento adecuado y las palabras precisas para hacer cada instante mágico y dibujar una sonrisa en cada corazón. Por eso ustedes son el símbolo de la vida y del amor. Mujer es sinónimo de mañana, aroma, color y belleza. Mujer es sinónimo de pasión, dulzura y fortaleza. Mujer es sinónimo de combinación perfecta entre amor, perdón y comprensión. Gracias Mujer de mi vida por ser inspiración, vida y amor. Gracias por serlo todo, gracias por existir.

Con mucho cariño, admiración y respeto:
Rvdo. Dr. Francisco Alberca.

www.ingramcontent.com/pod-product-compliance
Lightning Source LLC
Chambersburg PA
CBHW050133170426
43197CB00011B/1823